Dieses Sagenbuch gehört:

Impressum
Konzept und Text: @ Kathrin Gschleier
Illustration und Grafik: @ Evi Gasser
A. Weger Verlag, Brixen, 2021
Auflage: 5. Auflage 2025
ISBN: 978-88-6563-199-7

Meine Südtiroler Sagenwelt

Geheimnisvolle Geschichten von den Wundern der Natur

Erzählt von Kathrin Gschleier
Illustriert von Evi Gasser

Marie und Alex auf Entdeckungsreise

Marie und Alex haben einiges gemeinsam: sie mögen Ausflüge in die Berge, sie interessieren sich für die Geheimnisse der Natur und sie lieben Geschichten. Wenngleich sie weit voneinander entfernt leben, gelingt es ihnen doch immer wieder, sich in den Ferien zu treffen.
Dann machen sie mit ihren Eltern ausgedehnte Wanderungen und während die Erwachsenen immer wieder Halt machen, um zu plaudern, erkunden Marie und Alex die wunderbare Landschaft.
Auf einer dieser Erkundungsreisen passiert es: In der Ruine einer uralten Burg findet Alex ein Buch. Ja wirklich, ein Buch! Halb versteckt unter Moos und Steinen liegt der alte Schmöker, als hätte er nur darauf gewartet, von Alex gefunden zu werden.
Marie setzt sich ins Moos und betrachtet den geheimnisvollen Fund. „Sagen" steht da in großen Lettern geschrieben. Sonst nichts, kein

Autor und kein Verlag, nur „Sagen".
Alex wird neugierig: „Komm, öffne das Buch. Es will uns sicherlich etwas sagen!"
Zögerlich nimmt Marie das sonderbare Werk in die Hand. Es ist unheimlich schwer. Vorsichtig öffnet Marie den Deckel. Und siehe da, ein kleiner Zwerg hüpft hervor. Marie erschrickt, doch der Zwerg verschwindet gleich wieder in einer Steinritze.
Nun rumpelt und pumpelt es im Buch plötzlich so laut, dass Alex unwillkürlich den Deckel hebt und zu seiner Überraschung steigt ein Riese heraus. Mit großen Schritten entfernt er sich in Richtung Wald, während ihm Alex verwundert nachsieht. „Jetzt möchte ich doch wirklich wissen, wer sich sonst hier noch alles versteckt," meint der Junge und mit einem Ruck öffnet er den Deckel, dass das ganze Innenleben des Buches mit einem Mal sichtbar wird. Ihr werdet es nicht glauben: Da tummeln sich verschmitzte Nörggelen und brüllende Riesen, triefende Wassermänner und zauberhafte Nixen, versteinerte Puppen und gefährliche Zauberer, finstere Hexenmeister und zottelige Hexen, sonderbare Weiblein und sogar König Laurin. Alex traut seinen Augen nicht. Eine Sagenfigur nach der anderen huscht aus dem Buch und verschwindet in der Landschaft. „Was war das denn?" fragt Alex erstaunt seine Freundin, die lachend in der Wiese sitzt, auf dem Schoß das offene, aber mittlerweile leere Buch. „Ich glaube, ich kenne die eine oder andere Gestalt. Meine Großmutter hat mir ihre Geschichten an langen Winterabenden am warmen Ofen erzählt."
Und so setzt sich Alex neben Marie ins Gras und Marie beginnt zu erzählen...

Schau Alex,
welche sagenhaften
Gestalten in
Südtirol leben!

Inhalt

Die bleichen Berge

Es war einmal ein Königssohn, dessen Vater Herrscher über ein großes Reich war. Das Königreich lag im südlichen Alpenraum und der junge Prinz liebte es Reich über die Maßen. Den ganzen Tag jagte er durch die weiten Wälder, ritt über die grünen Wiesen oder spiegelte sich in den blau glänzenden Seen. Solange die Sonne am Himmel lachte, strahlte auch der junge Prinz.

Doch wenn zu später Stunde der volle Mond erschien, überkam ihn eine unermessliche Sehnsucht, die bald so groß war, dass er nur mehr einen Wunsch hatte: Er wollte unbedingt zum Mond reisen. Immer wieder fragte er die weisen Leute seines Landes: „Könntet ihr mir sagen, wie ich zum Mond komme?“ Doch niemand hatte eine Antwort auf seine Frage.

Eines Tages verirrte sich der Königssohn im Wald und als es Nacht wurde, legte er sich am Fuße eines Berges zum Schlafen nieder. Dabei hatte er einen merkwürdigen Traum: Er stand auf einer großen Wiese, die mit unzähligen weißen Blumen übersät war. Vor ihm ein wunderschönes Mädchen in einem silbernen Gewand. Freundlich sprach sie: „Ich bin die Tochter des Mondkönigs und würde mich freuen, wenn du mich in meinem Reich besuchen kommst.“ Beglückt über ihre Worte, erwachte der Prinz mit der festen Absicht, die Mondprinzessin zu besuchen.

Am klaren Sternenhimmel leuchtete inzwischen der Vollmond und ohne zu zögern kletterte der Königssohn auf den Berg. Genau in dem Augenblick, als er den Gipfel erreichte, umhüllte ihn eine weiße Wolke und ihr entstieg ein bärtiger alter Mann. Der Prinz erschrak, doch der freundliche Alte

meinte sogleich: „Gestatten, ich bin ein Mondbewohner und halte nur kurz Rast von meiner langen Reise im Weltenraum."
Da hüpfte dem jungen Prinzen vor Freude das Herz: „Bitte nehmt mich mit auf eurer Reise zum Mond." Und weil der Alte seine Freude am Prinzen hatte, stimmte er der Bitte zu. Bereits kurze Zeit später löste sich die Wolke von der Felszinne und schwebte dem nächtlichen Himmel entgegen.
Während der Reise erzählte der Königssohn von seinem Reich und den Bewohnern, von seinem Heimatschloss und seinem nächtlichen Traum. Da wurde der Alte plötzlich sehr ernst und meinte: „Ein Erdbewohner kann das weißsilberne Licht des Mondes nicht lange ertragen, gleich wie ein Mondbewohner sich vor dunklen Bergen fürchtet." In diesem Augenblick aber spürte der Prinz schon harten Mondboden unter seinen Füßen und verabschiedete sich vom freundlichen Alten.
Inmitten der weiten Mondlandschaft lag ein Schloss aus prachtvollen weißen Stein. Der Prinz öffnete das schwere Eingangstor und trat in einen großen leuchtenden Saal. Neben dem silbernen Thron stand lächelnd die Mondprinzessin, die der Prinz im Traum gesehen hatte.

In den folgenden Tagen und Wochen führte die Mondprinzessin den Prinzen durch die traumhafte Mondlandschaft. Die beiden verbrachten glückliche Momente zusammen und mit jedem Tag, der verstrich, liebten sie einander mehr.
Doch eines schönen Tages legte sich ein Nebelschleier über die Augen des Prinzen. Erschrocken erinnerte er sich an die Warnung des alten Mannes und traurig wandte er sich an die Prinzessin: „Meine Augen können den hellen Glanz des Mondes nicht länger ertragen. Ich muss sofort wieder zurück in meine Heimat."
Da sah er Tränen in den Augen der Königstochter und er wusste, dass er ohne sie den Mond nicht verlassen konnte. Also bat er sie: „Komm doch mit mir auf die Erde. Ich mache dich zu meiner Königin." Glücklich willigte die Mondprinzessin ein und folgte dem Prinzen ins Alpenreich.
Die Zeit auf der Erde verging im Nu und das junge Königspaar war glücklich vereint. Der jungen Königin gefiel das Leben in den Bergen und stolz zeigte der Gemahl ihr die Schönheiten seines Landes: die farbigen Blumen, Sträucher und Bäume, das sanfte Grün der Wiesen und Weiden, das zarte Gelb der Felder und das glänzende Blau der Bäche, Flüsse und Seen.
Doch eines Abends, als der König von der Jagd nach Hause kam, sah er, wie seine Frau ängstlich auf die dunklen Berge blickte. Zu seinem Schrecken meinte die junge Frau: „Ich fürchte mich so sehr vor den dunklen Bergen, die wie gefährliche Riesen vor meinem Fenster Wache stehen." Der Prinz erschrak und erinnerte sich abermals an die Worte des bärtigen Alten. Die junge Frau musste so rasch wie möglich zurück in ihre Heimat.
Auf dem Mond wurde die junge Königin wieder gesund, doch auf der Erde wollte der junge König ohne seine Gemahlin nicht mehr sein.
Tagelang irrte er durch die Wälder, auf der Suche nach einer Lösung für sich und seine Frau.
Da überraschte ihn eines Abends ein

furchtbares Gewitter und er flüchtete in eine nahe gelegene Höhle. Auf einem Stein im hinteren Teil der Höhle saß da ein altes seltsames Weiblein. Sie erzählte ihm von sich und dem Schicksal ihres Volkes: „Ich bin die Königin der Zwerge und habe hier vor langer Zeit mit meinem Volk in Frieden gelebt. Doch ein fremdes Kriegsvolk hat uns aus unserem Land vertrieben."
Da wurde der junge König nachdenklich und meinte: „Das Reich meines Vaters ist doch groß genug für zwei Völker. Ich denke, wir könnten sehr gut miteinander auskommen." Glücklich über dieses Angebot machte die Zwergenkönigin ihrerseits dem jungen König einen Vorschlag: „Meine Zwerge sind ein geschicktes Volk und verstehen sich auf besondere Künste. Wie wäre es, wenn deine Berge so weiß wären wie jene auf dem Mond?"
Und siehe da! Bereits wenige Tage später strömten Scharen von wundersamen kleinen Leuten über Pässe und Jöcher, Brücken und Täler in das Reich des Alpenkönigs. Und als die Sonne hinter den Bergen verschwand und dem vollen Mond am Himmel Platz machte, vollführten sie jeweils zu siebt am Fuße des Berges einen seltsamen Tanz. Mit den Armen zum Himmel gerichtet, zogen sie aus dem zarten Mondlicht helle Lichtfäden.
Behutsam legten sie die Lichtfäden zu einem glänzenden Netz zusammen und hoben es vorsichtig über den Gipfel. Sorgsam zogen sie dann die Maschen des Netzes so eng zusammen, dass kein Fleckchen Schwarz mehr zu sehen war. Erst als auch der kleinste Flecken Berg mit glänzendem Weiß überzogen war, ließen die Zwerge von ihrer Arbeit ab.
Voller Stolz brachte der junge König seine Gemahlin zurück auf die Erde und gemeinsam freuten sie sich über den wunderbaren Anblick der bleichen Berge.

ZAUBERHAFTE DOLOMITEN

Die schönsten Berge Südtirols sind die Dolomiten, die früher einfach nur „Die bleichen Berge“ genannt wurden. Ihr heutiger Name „Dolomiten“ stammt vom Gestein Dolomit ab, das seinen Namen vom französischen Geologen Déodat Gratet de Dolomieu hat. Im Jahre 1789 sammelte der französische Mineraloge Dolomieu im Gebiet zwischen Trient und Bozen weißen Kalkstein und fand heraus, dass das Gestein zu 90% aus dem Magnesiumkalkstein Dolomit bestand. Dem Mineralogen zu Ehren nannte man das Gestein Dolomit. Wegen ihrer einzigartigen landschaftlichen Schönheit wurden die Dolomiten 2009 in die Liste des UNESCO-Weltnaturerbes aufgenommen.

Der Riese Ortler

Vor langer Zeit, als es auf der Erde noch keine Menschen gab, lebten im Land der Berge Riesen. Wie sie ins Land gekommen sind, weiß heute keiner mehr, aber man erzählt sich, dass sie Kinder des Himmels und der Erde waren und deshalb bereits von Geburt an übergroß. In ihrer Jugend aßen sie am liebsten Auerochsen, die noch größer waren als unsere Rinder heute. Kein Wunder also, dass die Riesen wuchsen und wuchsen und schon bald übernatürliche Kräfte besaßen.
Unser Riese Ortler war der Größte von allen. Er hatte ein kantiges felsiges Gesicht, dichte Augenbrauen, einen buschigen Bart und Zottelhaare, die ihm beim Laufen ins Gesicht fielen. Über seinen dicken Bauch trug er einen weiten Mantel aus Bärenfell, den ihm seine Mutter mit Gräsern zusammengeflickt hatte.
Als Kind liebte es Ortler, Bäume wie Grashalme auszureißen oder mit seinem Freund Similaun Wege und Straßen aus Wasser zu bauen. Gemeinsam gruben sie breite Täler ins Land, von den höchsten Gipfeln bis hinunter ins tiefe Tal. Als Ortler größer wurde und bereits alleine fortgehen durfte, besuchte er seinen Freund Latemar am anderen Ende des Landes. Gemeinsam liefen die riesigen Freunde dann um die Wette, dass die Erde unter ihren Füßen bebte.
Als Ortler ein jugendliches Alter erreichte, sah man ihn öfters bei seinen Villnösser Freunden, den Pitscheförter Riesen. Oder vielmehr hörte man ihn und seine Freunde, denn kaum traf Ortler auf die Riesen, holten sie aus ihren Höhlen neun goldene Kegeln hervor und spielten laut grölend und

wetternd bis in die späte Nacht hinein. So verbrachte der Riese Ortler seine Tage und auch seine Nächte. Schon bald überragte er seine Freunde an Größe bei weitem. Der kleinste seiner riesigen Freunde war zwar größer als der höchste Baum im Wald, Ortler aber war so groß, dass er mit seinem Kopf durch die Regenwolken stieß und durch die Wolken in den Himmel schauen konnte.

Anfangs bewunderten ihn seine Freunde noch für seine überragende Höhe. Doch mit der Zeit wurde Ortler stolz und hochmütig und schaute bald immer öfters auf seine kleineren Freunde herab. Dabei meinte er spöttisch: „So groß wie ich werdet ihr nie! Was soll ich Riese mit euch Zwergen anfangen?“ Nach und nach zogen sich die Freunde deshalb vom hochmütigen Riesen zurück und Ortler war immer öfters alleine. So auch an jenem Morgen, als er bei wunderschönem Wetter ins Tal sah und einen Zwerg erspähte, der mit kurzem Rock, einem Messer am Gürtel und einem Horn in der Hand den Suldenbach entlang in seine Richtung spazierte. „Was will denn dieser Winzling von mir?“, dachte der Riese und beobachtete, wie er sich ihm rasch näherte.

Der kleine mutige Zwerg aus Stilfs

hatte vom Stolz des Riesen gehört und beschlossen, es mit ihm aufzunehmen. Als er beim mächtigen Ortler angelangt war, kletterte er mutig an seinem Fuß hoch, krabbelte frech über sein Bein und gerade als er das Knie erreicht hatte, entdeckte Ortler den Zwerg und brüllte mit dumpfer Stimme von der Höhe herab: „He du Wicht, was machst du auf meinem Knie?“

Der Stilfser Zwerg antwortete nicht, sondern kletterte weiter über den Oberschenkel bis zu seinem dicken Bauch. Rasch verstecke er sich in seinem Bauchnabel, denn plötzlich setzte ein wilder Sturm ein, der ihm sogar einige Brusthaare entwurzelte. Ortler hatte nämlich aus einem Nasenloch ordentlich zu blasen begonnen.

Kaum hatte sich der Zwerg wieder einigermaßen gesammelt, begann er in seinem Versteck zu tanzen und zu stampfen, was das Zeug hielt. Der Riese schüttelte und rüttelte sich, doch so sehr er sich auch drehte und wendete, es gelang ihm nicht, den tanzenden Wicht abzuwerfen.

Im Gegenteil, der Kleine nutzte geschwind die Gelegenheit und stieg weiter über die Brust und die Schulter an den langen Haaren hinauf bis zum Kopf des Riesen. Als Ortler bemerkte, dass der kleine Wicht bereits auf seinem Haupt angelangt war, brüllte er lautstark: „Komm runter von meinem Kopf oder du lernst mich kennen!“

Doch an der Spitze angelangt, fühlte sich der Zwerg erst richtig groß und sang munter von oben herab:

„Ach lieber Riese Ortler mein,
wie bist du doch hier oben klein,
kleiner als das putzige Nörggelein.
Zwar bist du gewachsen
viel tausend Jahr,
streckst deine Nase weit
in den Himmel gar.
Doch was nützt dir das,
sag, was nützt dir das?
Ich, der Stilfser Zwerg
bin größer doch,
von hier oben auf deinem Kopf!“

Da wurde Ortler erst richtig wütend. Er nahm einen tonnenschweren Felsen in die Hand und warf ihn durch die Gegend als wär's ein Kieselstein. Der Felsblock flog weit übers Vinschgau hinaus und landete dort, wo heute die Klumperplatte liegt. Doch der Stilfser Zwerg auf seinem Kopf ließ sich davon nicht beeindrucken, sondern versteckte sich rasch in seinem Ohr.
War das ein Dröhnen und ein Rauschen, als er in des Riesen Ohr sein Horn blies. Zornig riss Ortler einen der Bäume zu seinen Füßen aus, um damit den lästigen Zwerg aus seinem Ohr zu vertreiben. Doch dieser, quierlig wie er war, versteckte sich rasch in des Riesen Mund.
In diesem Augenblick aber bekam es Ortler mit der Angst zu tun. Ein Zwerg in seinem Mund! Was, wenn er sich zwischen seinen Zähnen verstecken würde? Was, wenn er sich unter seiner Zunge verstecken würde? Was, wenn er ihn aus Versehen verschlucken würde? Diese Vorstellung erschreckte den Riesen so sehr, dass nicht nur sein Mund wie gelähmt, sondern auch seine beiden Arme und Beine ganz steif und starr vor Angst wurden und bald der ganze Riese versteinert war. Von jenem Tag an bewegte sich Ortler nicht mehr. Es kam der Herbst ins Land und legte bunte Blätter über den schlafenden Riesen. Es kam der Winter ins Land und breitete Schnee und Eis aus. Und als der nächste Frühling einzog, lag Ortler noch immer regungslos an derselben Stelle. Von jenem Winter an blieben Schnee und Eis für immer auf dem Ortler liegen.
Der kleine Stilfser Zwerg aber war indes munter aus des Riesen Mund gekrochen und hatte sich am Fuße des schlafenden Berges niedergelassen. Dort, an den drei Quellen von Trafoi, baute er sich ein kleines Haus. Einmal im Jahr aber wanderte er mit seinen Freunden zum einst hochmütigen Berg, um ihnen versteckt im Felsen, das Gesicht des Riesen mit dem leicht geöffneten Mund zu zeigen.

HOHE BERGE

Der höchste Berg Südtirols ist mit 3.905 m Höhe der Ortler, gefolgt von der Königsspitze mit 3.859 m. Der Riese Ortler liegt im oberen Vinschgau, vor ihm das Trafoital und das Suldental, die beide zur Gemeinde Stilfs gehören. Die höchsten Dreitausender liegen alle entlang des Alpenhauptkammes im Osten des Landes, in den Ortler-Alpen und den Ötztaler Alpen.
Neben Ortler und Similaun sind in Südtirols Sagenwelt auch der Riese Haunold bekannt, der beim Bau der Innichner Stiftskirche half, der Riese Titsch von Deutschnofen, der den Hofriesen des Kaisers besiegte, die Pfitscheförter Riesen, die nachts gerne Kegeln spielen und der Riese Langkofel, dessen fünf Finger als Fünffingerspitze aus dem Boden ragen.

Die Schneeberger Nörggelen

Am Schneeberg in Passeier hausten einst Nörggelen. Sie waren klein, bärtig, hatten kleine rote Augen, einen übergroßen Kopf und dürre krumme Beine. Wer ihre Hilfe brauchte, dem halfen sie gerne. Doch beleidigen oder ihnen gar menschliche Kleider schenken, das durfte man nicht.

In Saltnuss am Fuße des Schneebergs erzählt man sich von einem Nörggele, das einem Müller in der Mühle beim Mahlen half. Wenn der Müller am Abend das Korn in die Mühle stellte, war es am Morgen zu feinem Mehl verarbeitet. Das ging über Tage und Wochen so und der Müller war glücklich und zufrieden. Als der Mann ihm aber für seine Mühe ein neues kleines Röcklein schenken wollte, hatte das Nörggele leider keine Freude damit. Es fing an zu weinen und zu jammern und murmelte nur immerzu: „Jetzt muaß ich mit meinem Gehüder und Gezüder lei übers Timmelsjoch ins Ötztol onni!“ und verschwand noch in derselben Nacht.

Anders erging es einem Nörggele in Hinterpasseier, das einer Kuhdirn bei der Arbeit auf der Alm half. Es hütete die Kühe, half beim Melken oder fütterte das Vieh. Als Dank für seine Dienste stellte die Kuhdirn dem Nörggele am Ende des Tages einen Napf voll frischer Milch hin und das Nörggele war glücklich.

Ein anderes Nörggele am Schneeberg hingegen stand den Sommer über immer nur schweigend da und mit den Händen in den Hosentaschen sah es den Sennern stumm beim Käsern zu. Die Almleute wussten nicht recht, was sie mit dem kleinen Männlein anfangen sollten, also setzten sie ihre Arbeit einfach fort. Als die Senner im Herbst ins Tal zogen, sah ihnen das Nörggele traurig nach und meinte: „Hattet's mi eppas gfrog, i hatt enk eppas gsog. I hatt mehr Schmolz ausn Käswosser gemocht, als es ausn Rahm außergebrocht.“ Nachdem seine Dienste bei den Sennern nicht gefragt waren, kam das Nörggele im Jahr darauf nicht mehr auf die Alm.

Dafür aber verirrten sich Jäger in das Gebiet der Nörggelen. Über die steinigen Grashänge des Schneebergs zogen sie bis an den Schwarzsee, um auf den Almen und Hochebenen rund um Seemoos Wild zu jagen. Eines schönen Sommertages ließ sich einer der Jäger in der Nähe des Sees auf einen Felsblock nieder, um mit Pfeil und Bogen in der Hand auf den umliegenden Bergen

Ausschau nach Gämsen zu halten. Da sah er plötzlich am Ufer des Sees eine weiße Frau stehen, an ihrem schlanken Körper ein langes silbern schimmerndes Kleid, um ihren Hals und ihre Arme glitzerten und glänzten wertvolle Edelsteine.
Die geheimnisvolle Frau winkte den Jäger zu sich und warnte ihn eindringlich: „Hör augenblicklich mit der Jagd auf meine Gämsen auf." Fordernd sah der Jäger sie an und meinte: „Was bekomme ich, wenn ich dir deine Gämsen lasse?" Da nahm die weiße Frau ihn stumm an der Hand und führte ihn zu einer Höhle, aus der funkelnde Schätze leuchteten. Daneben hielt eine Schar Nörggelen aufmerksam Wache. „Wenn du hier vor meinen Augen deine Waffe zerbrichst und vom heutigen Tag an das Jagen lässt, sind all diese Schätze dein", meinte die salige Frau.
Das ließ sich der Jäger kein zweites Mal sagen. Augenblicklich zerbrach er Pfeil und Bogen und schwor bei allem, was ihm heilig war, von jenem Tag an nicht mehr zu jagen. Zum Dank füllten die Nörggelen seine Taschen mit glitzernden Edelsteinen und edlem Silbergestein und reich beschenkt stieg der Jäger zurück ins Tal.
Schon bald aber kehrte der Mann wieder, diesmal mit einer Handvoll Knappen. Gemeinsam hoben sie mit Schlägel und Bergeisen reiche Erze aus dem Berg, die sie in dicken Säcken und auf langen Schlitten ins Tal brachten. Am Fuße des Schneebergs errichteten sie eine Siedlung, das spätere Knappendorf St. Martin in Passeier und machten den Jäger zu einem reichen Mann.
Der Herbst kam ins Land und bald auch der Winter. Anstatt der Nörggelen bauten nun die Knappen die reichen Bodenschätze ab. Erst als der Winter anbrach und Schnee und Eis

mit sich brachte, hielten sie mit ihrer Arbeit inne.
Der Frühling kehrte ein und der warme Föhn brachte den Schnee zum Schmelzen. Sogleich nahmen die braven Knappen ihre Arbeit wieder auf und hoben den Sommer über fleißig Stollen für Stollen aus.
Doch als im Herbst das Laub sich färbte und auf den Bergen erneut Gämsen und Steinböcke ihre Runden drehten, hielt es der Jäger nicht mehr aus. Gepackt vom einstigen Jagdinstinkt nahm er seine neu gefertigte Armbrust in die Hand und machte sich damit auf den Weg zur Alm.

Er musste nicht lange warten, da erhob sich vor ihm auf der Anhöhe ein prächtiger Steinbock mit gewaltigen Hörnern. Der Jäger setzte an und traf ihn mit einem Blattschuss mitten ins Herz.
Genau im selben Augenblick, als der leblose Körper des Steinbocks den Boden berührte, löste sich von der Höhe des Berges ein gewaltiger Felsblock und donnerte laut polternd ins Tal. Der Jäger aber ward vom mächtigen Stein mitgerissen, während ihn oben am Berg die weiße Frau im Kreise ihrer Nörggelen zart lächelnd an sein einstiges Versprechen erinnerte.

WERTVOLLE BODENSCHÄTZE

Im Mittelalter wurde Tirol die „Schatzkammer Österreichs" genannt. Grund dafür waren die vielen Bodenschätze im Land. Gleich in mehreren Gegenden wurde erfolgreich Bergbau betrieben: Im Schneeberg, in den Pfunderer Bergen, im Pensertal, aber auch in Pflersch und in Pfitsch. Knappen bauten täglich die wertvollen Erze ab und trugen sie ins Tal.
Im Vinschgau wurden die Zwerge Nörggelen genannt. In Vellau oberhalb von Dorf Tirol sind bis heute ihre Höhlen zu sehen, die so genannten Norggenlöcher. In Meran wurde die Norggengasse nach ihnen benannt, im Planeiltal die Norgles Alm und in Passeier gibt es sogar einen Norggensteig.

Der Drache von Pfatten

In der Gegend zwischen Meran und Bozen hausten einst furchterregende Drachen. Sie waren riesengroß, hatten vier lange Füße mit scharfen Krallen und ein Paar mächtige Flügel. Ihr Maul war über und über mit kleinen spitzen Zähnen belegt und so groß, dass sie mit offenem Maul einen ganzen Ochsen fressen konnten. Jahr für Jahr opferten die Menschen den Drachen einen Stier oder einen Ochsen, um sie gnädig zu stimmen. Ein besonders gefährlicher Drache hauste unterhalb von Bozen. Die ganze Gegend rund um Pfatten versetzte er regelmäßig in Angst und Schrecken. Die Menschen in den Häusern hielten stets einen Koffer mit ihrem hab- seligen Gut bereit, um bei Gefahr jederzeit Haus und Hof verlassen zu können. Denn keiner wusste, wann und wo der Drache auftauchen würde. Eines schönen Frühlingstages war es wieder soweit. Tagelang hatte die Sonne auf die Erde gebrannt und die Gletscher zum Schmelzen gebracht. Es folgten starke Gewitterwolken, die ihr Wasser über das Unterland entleerten. Als schließlich die Nacht anbrach und der Mond zwischen den Wolken voll und rund am Himmel stand, erwachte auch der Drache aus seinem tiefen Schlaf.

Am Roten Stein, einem rot leuchtenden Felsvorsprung oberhalb von Pfatten, hatte er sein dunkles Versteck. Von dort hörte man sein lautes Gebrüll, als er nachts plötzlich aus dem Schlaf erwachte. Bald darauf hörte man auch schon die jämmerlichen Schreie der hilflosen Tiere, die

friedlich an den Ufern des Flusses in ihrem Stall geschlafen hatten.
Wer konnte, verzog sich augenblicklich im Haus, während der Drache auf Äckern und Feldern tobte. Mit ungeheurer Kraft verschlang er zwischen Meran und Salurn alles, was ihm im Weg stand. Sogar Bäume und Reben riss er aus wie Grashalme und hinterließ hinter sich ein Feld der Verwüstung. Kriechend und mit seinem Schwanz heftig schlagend kroch er flussabwärts.
Gemeinsam hatten die Menschen an beiden Ufern des Flusses alles versucht, um dem Untier Herr zu werden. Doch weder Schwerter noch Bogen halfen. Tapfere Helden in Rüstungen blies der Drache mit einem einzigen Windhauch aus seinen großen Nüstern um, als wären die Helden zarte Streichhölzer.
Dazumal lebte auf dem Wölflhof in Deutschnofen aber ein tüchtiger junger Mann. Groß war er nicht, dafür aber über alle Maßen stark. Bereits als Kind war er von so übermenschlicher Kraft, dass es im Zweikampf keiner mit ihm aufnehmen konnte. Weil er aber bereits im jugendlichen Alter mit Wölfen kämpfte, wurde er bald nur mehr Starkwölfl genannt.
Weit über Deutschnofen hinaus war Starkwölfl für seine heldenhaften Taten bekannt. In Bozen erzählte man sich, dass er eines Tages vom Kornplatz aus einen gewaltigen Sack Korn auf dem Rücken durch die Felsenschluchten bis ins Eggental getragen hatte, als wär's ein Sack Heu gewesen. Unterwegs war er über Kohlern an der Burg Kampenn vorbeigekommen, wo ein Hain voll reifer Nussbäume stand. Ohne zu Zögern legte Starkwölfl seinen Sack Korn ab, um mit einem Schlag alle Nüsse vom Baum zu holen. Mit dem Sack voll Korn für seine Frau und dem zweiten Sack voll Nüsse für seine Kinder setzte Starkwölfl daraufhin seinen Weg fort.
Als sich ihm aber unterwegs durch einen Murenabgang ein großer Stein

in den Weg stellte, den keine zehn Männer von der Stelle zu bewegen vermochten, stieß Starkwölfl mit einer leichten Handbewegung den Riesenstein beiseite, als wär's die Kugel in einem Kegelspiel.

Und noch am selben Tag legte sich der Held mit einem Bären an. Ein benachbarter Bauer hatte den starken Kerl um Hilfe gebeten. Wie so oft hatten sich Bären aus ihrem Versteck aus dem Wald gewagt und den Eggentaler Bauern ihre Schafe gerissen. Ungeachtet der Gefahr folgte Starkwölfl den Spuren des Bären. Er war kaum wenige Schritte gegangen, als sich das Untier auch schon vor ihm auftürmte und seinen Rachen so weit aufriss, dass er ihn mit einem Bissen verschlingen konnte. Der Held aber holte zum Schlag aus und streckte ihm seine geballte Faust so tief in den Schlund, dass der Bär keine Luft mehr bekam. Nun war es ein Leichtes zu warten, bis das Tier leblos zu Boden fiel.
Nach diesem ereignisreichen Tag drang die Kunde des mutigen Starkwölfl bis nach Pfatten durch. Dort hatte der Drache wieder einmal die Brücke von Leifers nach Pfatten zerschlagen und damit den wichtigen Fuhrweg zum Mitterberg unterbrochen. Die Leute

am Ufer des Flusses meinten deshalb: „Nur Starkwölfl kann das Unterland von dem Ungeheuer befreien!“ und so machte sich noch am selben Tag eine Gruppe von Männern auf den Weg zu ihm ins Eggental.

„Werde ich mit Bären fertig, kann ich es auch mit Drachen aufnehmen“, sagte der Held kühn, als die Männer ihm ihre Bitte vortrugen. „Gebt mir eine Schüssel voll frischer Kuhmilch. Das müsste reichen, um dem Ungeheuer den Garaus zu machen,“ meinte er.

Verwundert kamen die Männer seinem Wunsch nach und brachten Starkwölfl eine Schüssel voll Milch, die der Held am helllichtem Tag vorsichtig an den Eingang der Drachenhöhle stellte. Anschließend versteckte sich er unter einem überhängenden Felsen am Roten Stein und wartete. Die Nacht brach herein und der Drache erwachte. Hungrig wie er war, wurde er vom Duft der Milch angezogen und wälzte sich behäbig aus seiner Höhle. Seine rot leuchtenden Schuppen glänzten im Mondlicht, als er plötzlich vor sich die Schüssel Milch sah. Gierig begann der Drache die Milch zu schlürfen.

Auf diesen Moment hatte Starkwölfl gewartet. Mit einem Ruck rollte er einen riesigen Felsblock auf den Kopf des Drachen, der ihn genau an seiner wunden Stelle am Kopf traf. Augenblicklich fiel der Drache mit einem fürchterlichen Röcheln und Zucken tot um.

Durch die heldenhafte Tat von Starkwölfl waren die Menschen in Pfatten fortan vom gefährlichen Drachen befreit und die Gegend wurde fruchtbarer und reicher als je zuvor. Starkwölfl aber wurde als Held gefeiert und bestand im Eggental noch so manch weiteres Abenteuer.

GEFÄHRLICHES HOCHWASSER

In Südtirol gibt es drei große Flüsse: die Etsch, der Eisack und die Rienz. Der größte Fluss, die Etsch, entspringt am Reschenpass und durchfließt den Vinschgau, das Burggrafenamt und das Unterland. Einst überflutete die Etsch mit ihren riesigen Wassermassen regelmäßig das Tal. Erst ab 1869 wurde der Fluss südlich von Bozen und Meran reguliert und die Gemeinden waren vor Hochwasser sicher.
Gefährliche Drachen sind nicht nur in Pfatten bei Bozen, sondern auch im Gadriatal bekannt. Dort hauste ein Drache in einer Höhle in der Nähe des Sees. Sein Treiben war weitum gefürchtet, denn zuweilen kam er mit gewaltigen Wassermassen bis nach Siebeneich, wo er der Sage nach sieben Eichen entlang des Flusses in einem Mal entwurzelte.

Der Wassermann im Kalterer See

Sobald am Kalterer See die ersten warmen Sonnenstrahlen auf das Wasser fallen, machen sich die Männer der Gegend auf, um zu fischen. Ausgestattet mit Fischerangel und Kescher, rudern sie in den frühen Morgenstunden hinaus auf den See, um dort ihre Angel auszuwerfen. So geschah es auch an jenem Morgen im März.

Der Fischer verließ frühmorgens von Klughammer aus Frau und Sohn, holte sein Boot aus dem Bootshaus, setzte es sorgsam ins Wasser, legte die Fischerausrüstung hinein und setzte sich schließlich ans Ruder, um Welle für Welle in den See hinaus zu paddeln. Das Wasser lag still und einsam vor ihm und der Mann ruderte an den Schilfgräsern im Süden vorbei bis in die Mitte des Sees, wo er gekonnt seine Angel auswarf, wie viele Male zuvor. Doch an diesem Morgen war etwas anders. Zwar setzte wie jeden Tag bald nach Sonnenaufgang ein leichter Wind ein, doch an diesem Morgen gesellten sich leichte Gewitterwolken dazu, die sich rasch verdichteten und dunkler und immer dunkler wurden.

Der Mann war tief versunken in seine Arbeit, warf wieder und immer wieder seine Angel aus, um einen Fisch nach dem anderen ins Boot zu ziehen.

Dabei bemerkte er nicht, dass er gänzlich alleine am See war. Er sah auch nicht, wie sich am Himmel, bedrohliche Gewitterwolken zuzogen und bereits erste Blitze ins Wasser schlugen. Erst als es heftig zu donnern begann und aufbäumende Windböen sein Boot zum Schaukeln brachten, blickte der Mann erschrocken auf. Rasch zog er seine Angel ein und verstaute die Fische in einen Stoffsack. Doch es war bereits zu spät. Der Wind wurde heftiger und heftiger, die Angel fiel dem Mann aus der Hand und während er von der Kante des Bootes aus zusah, wie sie langsam im Wasser versank, brachte ein heftiger Windstoß sein Boot endgültig zum Kippen. Der Mann versank im Wasser, als wäre er ein Sack Stroh, tiefer und immer tiefer, bis an den Grund des Sees.

Die Jahre vergingen und sein Sohn wuchs zu einem jungen Mann heran. Voll Ehrfurcht sah er vom Ufer aus auf den weiten See und traurig wünschte er sich so manches Mal seinen Vater herbei.

Eines Morgens stand sehr früh am Ufer und sah in der Mitte des Sees ein kleines Männlein mit grüner Haut. Anfangs dachte der junge Mann, seine Augen würden ihm einen Streich spielen, doch je länger er auf das Wasser sah, desto klarer wurde die Gestalt des Wassermanns. Und wirklich: Er winkte ihm zu und es schien, als wollte er ihn ins Wasser locken. „Nein, ins Wasser möchte ich nicht. Weiß ich, was du von mir willst? Ziehst du mich gar ins tiefe Wasser, wie einst meinen lieben Vater?“, rief der junge Mann und wanderte unruhig am Ufer auf und ab.

Doch das grüne Männchen ließ nicht ab und schwamm freundlich immer

näher, mit der rechten Hand eine Feder schwenkend. Erst als er näher kam, sah der junge Mann, dass der Wassermann die grüne Floßfeder einer Flosse zwischen den Schwimmhäuten trug. „Nimm diese Floßfeder und folge mir. Solange du sie bei dir trägst, kann dir im Wasser nichts geschehen."
Da fasste der junge Mann Mut und nahm die Feder an sich. Augenblicklich wich alle Angst vor ihm und wie ein Fisch folgte er dem Wassermann ins Wasser. Tiefer und immer tiefer führte das seltsame Männlein den jungen Mann in die Mitte des Sees, bis sich plötzlich vor ihnen ein wunderschöner kristallener Palast erhob. Alles an diesem Palast war rund, die Türme, die Fenster und sogar die Tore. Als sich die beiden Gestalten dem Eingangstor näherten, öffnete es sich wie von Geisterhand und sie traten ein.
Ohne ein Wort zu sprechen, führte der Wassermann den jungen Mann durch den Palast, durch die Hallen und Gänge, zeigte ihm ein Zimmer nach dem anderen, die prachtvoller und herrlicher schienen als alles, was der Jüngling je zuvor gesehen hatte. Schließlich erreichten sie das letzte Zimmer, das noch verschlossen vor ihnen lag. Der Wassermann berührte das Schloss und die Tür sprang auf. Wie freute es den jungen Mann, als er in der Mitte der Kammer seinen Vater in einem kristallenen Bettkasten liegen sah: Er schien wie in einen ewigen Schlaf versunken, friedlich und gerade so, wie er seinen kleinen Sohn vor Jahren verabschiedet hatte.
Überglücklich, den Vater noch einmal sehen zu dürfen, flehte der junge Mann den Wassermann an: „Bitte gebt mir meinen Vater zurück! Ich will alles tun, um ihn in meiner Nähe zu wissen." Die Worte des Jünglings rührten das sonst griesgrämige Männlein und er stimmte seiner Bitte zu, nicht ohne vorher eine Bedingung zu stellen. „Du kannst deinen Vater mitnehmen, wenn es dir gelingt, ihn den bewachenden Wasserfräuleins zu entreißen. Meine

Töchter sind es nämlich, die über Leben und Tod hier unter Wasser entscheiden. Nimm diese Tarnkappe und versuche dein Glück."
Mit diesen Worten reichte das Männchen dem Jüngling eine Kapuzenjacke, die ihn augenblicklich unsichtbar machte. Während der Wassermann eilig das Zimmer verließ, setzte sich der junge Mann in eine Ecke der Kammer und hob an, eine wunderschöne alte Weise zu singen. Er sang von einem Vater und seinem Sohn, von einer Frau und einem Mann und er sang von den Tiefen des Wassers, in denen der Vater verschwunden war.
Die Wasserfräuleins vernahmen die seltsam schöne und zugleich traurige Melodie und kamen um zu sehen, wer der seltsame Sänger war. Wie staunten sie, als sie das Zimmer betraten und der Körper schwebend den Raum verließ. Wie konnten sie auch wissen, dass der Sohn seinen Vater auf den Armen durch die Tür und durch die Hallen eiligst durch das Schlosstor trug. Die Wasserfräulein meinten, sie hätten es mit einem Geist zu tun und sahen dem Treiben voll Ehrfurcht zu. Nur die älteste der Wasserfräuleins erinnerte sich plötzlich an die Tarnkappe des Vaters und mit den Händen suchend, tastete sie sich an den unsichtbaren Mann heran, bis es ihr schließlich gelang, den Rockzipfel des Fischers zu erhaschen.
Am Ufer des Sees angelangt, nahm der Sohn die Tarnkappe ab und legte die grüne Floßfeder beiseite und staunte nicht schlecht, als er das Wasserfräulein am Rockzipfel seines Vaters hängen sah. Von einem Menschen über Wasser gesehen, blieb ihr nichts anders übrig, als ihre schuppige Schwanzflosse abzulegen und als Braut in sein Haus einzuziehen.
Fortan lebte das Brautpaar glücklich und zufrieden zusammen und wann immer es ihre Zeit erlaubte, tauchten sie gemeinsam in den Kalterer See, um den Wassermann und seine Töchter im unterirdischen Palast zu besuchen.

UNTERIRDISCHE WASSERWELTEN

Der Kalterer See ist mit etwa 140 Hektar der größte der acht Südtiroler Badeseen. Er liegt zwischen dem Mitterberg im Osten und dem Mendelkamm im Westen, zwischen den Ortschaften Kaltern im Norden und Tramin im Süden. Im See selbst gibt es zahlreiche Süßwasserfische wie Barsche, Hechte, Aale, Zander und Brassen, daneben auch Frösche und Lurche. Ein Naturerlebnisweg erzählt außerdem von den über 100 Vogelarten im Biotop Kalterer See.
Der Sage nach leben im See aber nicht nur Fische und Frösche, sondern auch gefährliche Wasserwesen: Nixen und Nymphen, Wasserfräuleins und sogar ein Wassermann.

Die Nixe vom Karersee

Manche Menschen meinen, dass am Grund des Karersees Edelsteine liegen. Andere wiederum glauben, dass der See seine Farbenpracht von der Regenbogenforelle hat. Doch in Wirklichkeit leuchtet der Karersee so schön bunt, weil im See ein Regenbogen verschwunden ist. Und das kam so.

Einst lebte im Karersee eine wunderschöne Nixe in grünem Gewand.

Ihre langen glänzenden Haare strömten an beiden Schultern herab, wenn sie am Ufer saß und sich kämmte.

Verirrte sich jemand in die Gegend, verschwand sie augenblicklich im Wasser. Kein menschliches Auge sollte sie je in ihrer ganzen Schönheit zu Gesicht bekommen.

Nur einer wusste von der Gegenwart der Nixe im kleinen Bergsee. Das war der finstere Zauberer, der im dichten Latemarwald hauste. Vom ersten Augenblick an hatte er sich unsterblich in sie verliebt. Tage und Nächte verbrachte er damit, sie heimlich zu beobachten, während er sich sicher hinter einem der dicken Bäume seines Waldes versteckte.

Eines Tages hielt er es nicht mehr aus und näherte sich ihr von seinem Versteck aus. Als die Nixe aber die dunkle Gestalt sah, verschwand sie augenblicklich im Wasser, dass nur mehr ein Kreis von Wellen im See zu sehen war. Da wurde der Zauberer über das Verschwinden der Nixe so wütend, dass er zu toben und zu fluchen begann und sich am Himmel finstere Wolken zusammenzogen, die sich in einem gewaltigen Unwetter mit Blitz und Donner entluden.

Die Nixe aber war indes in die Tiefen des Wassers getaucht, wo kein Geräusch zu ihr durchdringen konnte, während der Zauberer triefend nass vom Regen in seinen Wald zurückkehrte. Am Latemarturm oberhalb des Waldes grübelte er darüber nach, wie es ihm gelingen mochte, sich der Nixe ungesehen zu nähern. Bald darauf hatte er auch schon eine Idee. Er verstand sich doch auf schwarze Künste. Was lag näher, als sich in ein Wasserwesen zu verwandeln? Also sah man tags darauf einen Fischotter sich dem Ufer nähern, mit kurzen Beinchen, einem rundlichen Kopf, Schwimmhäuten an den Zehen, einem dicken Fell und einem langen Schwanz. Langsam kroch er auf seinen vier Beinen vorsichtig zum See. Die Sonne stand gerade an ihrem höchsten Punkt und die Nixe lag auf einem Felsen am Ufer.

Während sie sich genüsslich von den warmen Sonnenstrahlen wärmen ließ, hob sie an zu singen, wie nur eine Seejungfrau zu singen vermochte. Von nah und fern kamen Vögel herbeigeflogen, um ihrem Gesang zu lauschen. So auch der Fischotter, der inzwischen am Waldrand hockte und nur auf einen günstigen Augenblick wartete,

um sich geschwind dem Felsen zu nähern und die Nixe zu packen. Doch kaum setzte der Fischotter an, sich lautlos anzuschleichen, hoben die Vögel des Waldes wild an, mit ihren kleinen Flügeln zu flattern und ängstlich zu zwitschern.

Das konnte nichts Gutes verheißen. Sogleich verschwand die Nixe im See, der Fischotter hinterher. Doch die Nixe war nicht nur größer, sondern auch schneller als der behäbige Otter und so gelang es ihr ohne Mühe, ihren Verfolger im Wasser abzuhängen.

Auf einem Stein mitten im See angelangt, nahm der Zauberer seine ursprüngliche Gestalt wieder an und mit geballter Faust schimpfte und zeterte er auf die Vögel, die ihn verraten hatten. Ihm blieb also nichts anderes übrig, als ans Ufer zu schwimmen und allein in seinen Turm zurückzukehren.

Doch die schöne Seejungfrau ging ihm nicht aus dem Sinn. Es musste doch eine Möglichkeit geben, um die Jungfrau in seinen Turm zu locken. Doch so sehr er auch nachdachte, es wollte ihm kein passender Plan einfallen.

Also machte er sich auf den Weg zur Hexe, die am Latemar wohnte.

„Was bist du doch für ein Kindskopf!“, lachte ihn die Hexe aus. „Weißt du denn nicht, dass du ein Mädchen verführen und nicht entführen musst!“

Verwundert schüttelte der Zauberer den Kopf. Die Nixe verführen, das war ihm fremd, doch war ihm jedes Mittel Recht, um die Jungfrau für sich zu gewinnen. „Sag mir doch, wie ich es anstellen kann...“, meinte er.

„Deine Nixe“, setzte die Hexe fort „hat in ihrem Leben noch nie einen Regenbogen gesehen. Sobald die Sonne scheint, lässt du Regenwolken aufziehen und zeigst ihr einen Regenbogen, wie es im ganzen Land keinen Schöneren gibt. Du aber verwandelst dich indes in einen alten Händler mit einem Sack voll Gold und Edelsteinen und bietest ihr den Regenbogen als Geschenk an. Versprich ihr mit Juwelen besetzte Gewänder in allen

Regenbogenfarben. Neugierig wie sie ist, wird sie sich von dir deine herrlichen Stoffe zeigen lassen und auf diese Weise zu dir kommen."
Der Zauberer bedankte sich bei der Hexe für den Ratschlag und machte sich gleich auf den Weg nach Hause. Noch am selben Tag stieg er auf die Latemartürme, ließ zarte Regentropfen aufziehen, sodass ein Regenbogen entstand, der mit dem einen Ende die Türme, mit dem anderen den See berührte.
Die prächtigen Farben blieben auch der Nixe nicht verborgen, die sich nicht satt sehen konnte am zarten Rot, am leuchtenden Orange, am blassen Gelb, am kräftigen Grün, am satten Blau, am strahlenden Indigo und am wunderbaren Violett.
Als der Zauberer die Nixe staunend am Ufer sah, glaubte er sich seinem Ziel

schon nah und aufgeregt eile er von seinem Turm durch den Wald hinab zum See. Dabei vergaß er in der Eile, die Gestalt des Händlers anzunehmen. Kaum hatte er den See erreicht, hörte die Nixe auch schon seine gewohnte tiefe Stimme und erkannte sein finsteres Wesen. Blitzschnell glitt sie vom Felsen in den See und verwand in den Tiefen des Wassers.
Da war die Enttäuschung des Zauberers riesengroß. Voll Zorn packte er die ihm am nächsten stehenden Bäume, riss sie samt Wurzeln aus und schleuderte sie in den See. Dann nahm er die riesigen Felsbrocken, die am Ufer lagen und warf sie in das wogende Wasser. Zuletzt aber griff er nach dem leuchtenden Regenbogen und stieß ihn in die Mitte des Sees.
Von jenem Tag an ward der Zauberer nicht mehr gesehen. Leicht möglich, dass er wieder in seinen Turm zurückgekehrt ist. Der Regenbogen aber war im klaren Wasser zerflossen und seine Farben verteilten sich auf der Oberfläche des kleinen Bergsees. Deshalb ist es auch nicht verwunderlich, dass das Wasser des Karersees bis heute in allen Regenbogenfarben schimmert. Und wer genau hinsieht, entdeckt vielleicht sogar die Regenbogenforelle, die grad in jenem Moment friedlich im Wasser schwamm, als der Zauberer den Regenbogen ins Wasser stieß.

FARBENPRÄCHTIGER SEE

Karersee ist ein Ort am Fuße des Latemars unterhalb des Karerpasses und auch ein Bergsee. Der See gehört zur Gemeinde Welschnofen und ist über das Eggental erreichbar. Wer genau hinsieht, erkennt darin alle Farben des Regenbogens. Doch seine wahre Farbenpracht entfaltet der See nur an klaren Tagen und nur in der ersten Hälfte des Sommers.

In der Sprache der Ladiner heißt der See „Lék del ergobàndo", was übersetzt „Regenbogensee" bedeutet. Der Regenbogen ist ein Naturphänomen, das sichtbar wird, wenn die Sonne auf eine Regenwolke oder eine Regenwand scheint. Der Regenbogen bildet ein farbiges Band, das sich in einem Bogen über der Landschaft zeigt. Im tiefgrünen Wasser des Sees spiegelt sich zuweilen nicht nur der Regenbogen, sondern auch der Latemar mit dem davorliegenden Latemarwald.

Die versunkene Stadt

Über die Jöcher in den Ötztaler Alpen, dort wo der Gletscher mit einem Arm ins Schnalstal und einem ins Ötztal reicht, zogen alljährlich im Sommer Hirten mit ihren Herden von einem Tal ins nächste. Ausgehend vom Schnalstal wanderten sie mit ihren Schafen über steile Wege und schmale Pfade, über Felsen und Geröll, über Schneefelder und auch über Gletscher, bis hin zu den fruchtbaren Almen des dahinterliegenden Ötztales.

Dort im Gebirge, auf den üppigen Almen am Fuße des Berges, ließ sich einst auch ein Stamm nieder. Wie ein Kleinod schienen ihnen die grünen Hochweiden inmitten der steil abfallenden Felswände. Voll Staunen und zugleich voll Freude entdeckten die Menschen die Hochalmen und bald fanden sie auch einen passenden Platz für ihre Zelte am nahe gelegenen See. Und wahrlich, die Natur schenkte ihnen fruchtbare Felder und reiche Herden. In Gruppen jagten und erlegten die Männer das Wild, während die Frauen in den Wäldern Früchte und wildwachsende Pflanzen sammelten. Die Menschen bauten Häuser und so entstand aus dem ursprünglichen Zeltplatz bald eine richtige kleine Stadt. Nach ihrer Ahnfrau Tanna nannten sie ihre Stadt Tanneneh.

Die Menschen lebten friedlich zusammen, sie sprachen dieselbe Sprache und verständigten sich leicht und ohne größere Schwierigkeiten. Was sie besaßen, teilten sie geschwisterlich. Sie teilten untereinander das, was sie im Wald erjagten, auf den Äckern erwirtschafteten oder in den Gärten ernteten.

So wuchs und gedieh die kleine Stadt. Die Felder spendeten reichlich Korn, die Tiere große Mengen an Milch und die Menschen waren glücklich.
Doch mit dem Wachstum zogen Geiz und Gier ein. Je größer die Stadt und je reicher die darin lebenden Menschen, desto mehr gab es Zäune. Bald teilten die Menschen nicht mehr das, was sie besaßen, sondern vergruben ihre Ernte tief und fest in den Vorratskammern ihrer Häuser. Auch sangen und spielten sie nicht mehr, sondern arbeiteten von morgens bis abends, um ihren Besitz zu vergrößern. Es kam, wie es kommen musste: Die Menschen

wurden knausrig und böse und schauten voll Verachtung auf jene, die zwar noch lachten und sangen, aber am Hungertuch nagten.
Eines Abends, als die Reichsten und Ältesten wieder einmal beisammensaßen und Pläne schmiedeten, wie sie die Stadt noch größer und bedeutsamer machen konnten, kam ihnen plötzlich eine Idee: „Lasst uns doch einen Turm bauen. Der Turm soll weit über die Grenzen der Stadt hinaus, ja sogar vom Tal aus zu sehen sein. Er soll weit in den Himmel ragen und die Macht und Größe unserer Stadt demonstrieren."
Anstatt ihr Hab und Gut mit jenen zu teilen, die kaum zu essen und zu trinken hatten, legten die Reichen ihr Geld zusammen und bauten einen Turm, dessen Spitze höher war als der höchste Baum im Tal. Sie fühlten sich nicht mehr als Kinder von Tanna, sondern als mächtige Geschöpfe des Himmels.
Da wurde Tanna auf die Stadt aufmerksam. Einst hatte sie das Volk für ihre Herzlichkeit geliebt. Nun aber stieg sie erschrocken von ihrem heiligen Berg herab, um sich selbst vor Ort ein Bild zu machen.
Bereits von weitem sah sie entsetzt den übergroßen Turm, der bereits eine beachtliche Größe erreicht hatte. „Ein Tor zum Himmel wollen wir bauen", erzählten ihr begeistert die Bauherren, während sie die Armen anspornten, Tag und Nacht ohne Unterlass am Monument zu arbeiten.
Erschrocken hörte sie die Worte der Männer, die nicht sahen, wie die arbeitenden Menschen unter der Last der Steine zusammenbrachen. Sie sahen auch nicht, wie Tanna die Stadt bestürzt verließ. Sie schauten nur auf ihre Pläne und auf das Wachsen ihres Turmes.
Da beschloss Tanna, die Menschen auf eine Probe zu stellen. Vor den Toren der Stadt verkleidete sie sich als Bettlerin und stellte sich, um Almosen bettelnd, an den Straßenrand. Hohen Hauptes marschierten die Reichen an ihr vorbei und würdigten sie keines

Blickes. Andere wiederum verspotteten sie, sie sollte sich doch eine anständige Arbeit suchen und wiederum andere verhöhnten sie wegen ihres armseligen Gewandes.
Als sie die Herzlosigkeit der Bewohner am eigenen Leib zu spüren bekam, rief sie wütend aus:

„Meine ach so geliebte Stadt Tanneneh,
weh dir, oh weh!
Es fällt ein Schnee
Und apert nimmermehr!"

Noch am selben Tag begann es zu schneien, so dicht wie nie zuvor. Die immer fester werdenden Schneeflocken hüllten die ganze Stadt samt Turm und Häuser ein. Es schneite und schneite, es fielen die Temperaturen und die einst reiche Stadt wurde endgültig unter Schnee und Eis begraben.
Als das wilde Treiben Tage später endete, war von Tanneneh und seinen Bewohnern keine Spur mehr zu sehen. Nur eine unendlich weite, weiße Gletscherlandschaft hüllte die einst fruchtbaren Almen ein. Doch wer zuweilen im Morgengrauen oder in der Abenddämmerung in Richtung der einstigen Stadt blickt, kann noch die Spitze des einsamen Stadtturmes erkennen.

GEWALTIGE GLETSCHER

In den Ötztaler Alpen liegen die größten Gletscher Südtirols. Im Volksmund als Ferner bekannt, heißen die bekanntesten Gletscher Hochjochferner und Langtauferer Ferner, Vernagtferner und Großer Gurgler. Gefürchtet waren die Gletscher für ihre berüchtigten Gletscherseeausbrüche, die ganze Tallandschaften verwüsteten. Im Gebiet der Ötztaler Gletscher sollen auch die versunkenen Städte Tanneneh, Onanä und Dananä begraben sein, von denen die Sage erzählt. Sagen von versunkenen Städten sind im Vinschgau weit verbreitet.
Am Tartscher Bühel am Fuße des Matscher Tales, in Thanei im Matscher Tal, in Tanas bei Laas und in Allitz im Gadriatal weiß man bis heute von Städten zu berichten, die auf seltsame Weise verschwunden sind.

Die Salige

Vor langer Zeit lebte einmal eine Salige bei einem Lüsner Großbauern am Hof. Eines schönen Tages war sie bei der Arbeit am Hof einfach mit dabei und zeigte bald ein besonderes Geschick bei der täglichen Arbeit. Von morgens bis abends, von Frühjahr bis Winter arbeitete sie fleißig und gewissenhaft im Haus und im Stall, auf den Wiesen und den Feldern und hörte erst nach Einbruch der Dunkelheit mit ihrer Arbeit auf.

Ihr Erscheinen am Hof und ihr Fleiß waren ungewöhnlich, noch erstaunlicher aber waren ihr großes Wissen um die Gesetzmäßigkeiten des Lebens und ihre besondere Gabe im Umgang mit Pflanzen, Tieren und Menschen. Im Frühjahr half sie, die Schafe zu scheren und wilde Kräuter für den Winter zu sammeln, im Sommer trieb sie die Kühe auf die Alm und verarbeitete die gewonnene Milch zu Butter und Käse. Im Herbst half sie bei der Ernte des Korns, um dann die wertvollen Körner aus den Ähren zu dreschen, im Winter legte sie ihre Hände in den Schoß, um zu ruhen. Mit viel Liebe und Fürsorge schützte sie die Reichtümer der Erde und das, was wuchs und gedeihte. Besonders gut aber gedeihte in ihren Händen der Roggen, aus dem sie mit gleich gesinnten Frauen die knusprigen Roggenbreatln zu backen beliebte. Sowohl der Bauer, als auch die Bäuerin schätzten die Anwesenheit des geheimnisvollen Mädchens am Hofe sehr und begegneten ihr stets in großer Dankbarkeit. Denn vom Tag ihrer Ankunft an waren Haus und

Hof auf wundersame Weise mit Glück und fruchtbarer Ernte gesegnet. Wer ihren freundschaftlichen Rat, auch wenn er manchmal seltsam erscheinen mochte, beherzigte, der war vor Schaden bewahrt. So erschien das Mädchen einst am späten Nachmittag auf dem Feld und überraschte den Bauer, wie er gerade das satte Korn begutachtete.

Sie näherte sich ihm vorsichtig und meinte: „Schneide den ganzen Roggen noch heute ab und bringe ihn innerhalb von drei Tagen ein. Achte in deinem Tun aber nicht auf die Worte anderer."

Der Großbauer erschrak über die unerwartete Anwesenheit des Mädchens auf dem Feld und noch mehr wunderte er sich über ihren seltsamen Rat, denn das Korn auf dem Feld war grün und noch gar nicht reif. Trotzdem tat er, wie die Salige ihm geheißen hatte und schnitt gemeinsam mit den anderen Mägden und Knechten alles Korn noch am selben Tag. Als die benachbarten Bauern sahen, dass er sein Getreide frühzeitig schnitt und zu so später Stunde auch noch die Garben einbrachte, lachten sie ihn aus. Doch der Großbauer fuhr unbeirrt mit seinem Tun fort, im Vertrauen auf die Worte der Saligen.
Da geschah es, dass tags darauf Schneeflocken vom Himmel fielen, bittere Kälte einbrach und das Korn der umliegenden Felder erfror. Erschrocken sahen die Bauern auf ihre erhoffte Ernte, während der Großbauer sein Korn für den Winter wohl verwahrt hatte. Noch so manches weitere Mal sagte ihm die Salige zukünftiges Wetter voraus und bewahrte so seine Ernte vor großem Schaden. Meist hielt sich die Salige aber auf der Alm auf, legte Hand beim Heumachen oder beim Rechen an, half das Korn zu schneiden oder Brot zu backen.
In früheren Zeiten wurde auf der Lüsner Alm nämlich reichlich Getreide angebaut. Das war je nach Höhenlage Roggen, Weizen, Mais, Gerste oder Hafer. Besonders beliebt waren die schmackhaften Roggenbrote, die zweimal im Jahr gebacken wurden. Brannten im Backofen noch Holzscheite und ging währenddessen zufällig jemand an der Almhütte vorbei, warfen die Mägde eines der frischen „Breatln" ins Feuer. Aus der Flamme des brennenden Brotes lasen sie dann heraus, ob ihnen der Vorübergehende wohl gesonnen oder gar bösen Mutes war, welches Schicksal ein Mensch hinter sich hatte oder welche Zukunft ihm beschert war.
Die Salige brauchte dieses Ritual

nicht. Sie spürte meist auch ohne brennendes Brot, ob jemand ihr wohl gesonnen war oder nicht. Und kam ein hungriger Wanderer, ein Fuhrmann oder eine arme Bauersfrau vorbei, so schenkte sie ihnen einen Laib Brot. Dem, der das Brot in Ehren hielt und sich dafür bedankte, dem brachte es stets Glück.

Eines frühen Morgens kam ein Weiblein an der Almhütte vorbei. Auf einer Holzbank saß die Salige und zählte gerade ihre frisch gebackenen Brotlaibe. Das Weiblein sah das leckere Brot und bat vorsichtig um einen Laib. Die Salige erkannte den Hunger in ihren Augen und schenkte ihr großzügig einen frischen „Loaben“. Warnend fügte sie aber hinzu: „Frage nie nach dem Ende und nimm dankbar jede Schnitte an!“ Das Weiblein wunderte sich zwar über die eigenartige Mahnung, doch sie hielt sich an die geheimnisvolle Weisung. Von einem Tag auf den anderen hatte das Weiblein frisches Brot, denn der Laib wurde niemals kleiner, mochte sie herab schneiden, wie viel sie wollte.

Jahre später, als die alte Frau starb und die Tochter den wundersamen Brotlaib erbte, geschah es, dass diese einmal unwirsch sagte: „Ja, hat es denn mit diesem alten Weggen überhaupt nie ein Ende?“ Kaum waren diese Worte über ihre Lippen gegangen, war der Zauber augenblicklich vorbei: Der „Loaben“ nahm ab und war noch am selben Abend aufgebraucht wie ein gewöhnlicher Laib Brot. Da hatte die Tochter nichts mehr zu essen und musste betteln gehen, wie dereinst ihre Mutter. Immer wieder suchte sie die Salige auf der Lüsner Alm, aber sie hat sie nie wieder gefunden.

WUNDERSAMER WACHSTUM

Das abgelegene Lüsner Tal führt von Brixen bis zum Würzjoch und wurde in früheren Zeiten als wichtiger Übergang ins Pustertal genutzt. Über die Lüsner Alm wanderten Jäger und Sammlerinnen. Sie verehrten den Mond, da beim vollen Mond die Jagd auf Gämsen leichter fiel und auch das Sammeln von Wurzeln. Lange vor den ersten Menschen aber soll es auf dem Lüsner Berg salige Fräuleins gegeben haben. Sie wussten um das Wachstum der Pflanzen und hüteten ein unterirdisches Reich, in dem sich reiche Schätze befanden. Solche Schätze waren neben Samen und Wurzeln auch goldene Getreideähren. Angebaut wurde auf der Lüsner Alm neben Weizen, Gerste und Hafer vor allem Roggen, aus dem die bis heute sehr beliebten Roggenbreatlen gebacken werden.

Antrische Leute

Zu jener Zeit, als das erste Menschenpaar auf der Erde lebte, kam eines schönen Tages der Herrgott Adam besuchen. Adam führte ihn über seine Felder und Wiesen und zeigte ihm Haus und Hof. Da sahen sie von weitem eine Frau, die auf dem Acker Getreide säte. „Es ist lange her, dass wir uns zuletzt gesehen haben, Adam. Sag, wie geht es deiner Frau.“ Adam, der dem Herrgott verschwiegen hatte, dass er sich eine neue Gemahlin genommen hatte, die gerade im Haus zugange war, sagte: „Danke, mein Herr, meiner Frau geht es gut“ und hoffte, der Herrgott würde nicht weiter fragen.
Die beiden gingen weiter und der Herrgott sah eine Handvoll Kinder, die gerade vor dem Haus Verstecken spielten. „Sag, mein Sohn, wie viele dieser Kinder gehören zu dir?“ Adam zögerte einen Augenblick, denn er hatte dem Herrgott verschwiegen, dass ihm seine erste Frau Kinder geschenkt hatte. Sie waren etwas älter als jene der zweiten Gemahlin und halfen gerade bei der Arbeit auf dem Feld mit. Also sah er auf die spielenden Kinder seiner zweiten Frau und sprach: „Es sind die Kinder, die Ihr beim Spielen seht, die zu mir gehören.“
Der Herrgott sah Adam schweigend eine ganze Weile an. Erst nachdem Adam seinen Blick senkte und sich schämte, seinem Herrn nicht die ganze Wahrheit gesagt zu haben, sagte der Herrgott mit ernster Miene: „Du hast nicht nur deine erste Frau verleugnet, sondern auch einen Teil deiner Kinder. Deshalb sind sie vom heutigen Tag an verbannt und müssen sich vor den

Menschen verstecken. Erst in siebter Generation dürfen sie sich wieder zeigen.“

Von jenem Tag an verschwand Adams erste Frau und mit ihr die gemeinsamen Kinder. Fortan hielten sie sich nicht mehr auf den Äckern und Wiesen auf, sondern in den Höhlen und Felsen des Waldes, versteckt vor den Augen der Menschen. Sie ernährten sich von Früchten und Wurzeln und ab und zu auch von den gütigen Gaben der Hirten.

Die Hirten stellten der antrischen Mutter, wie Adams' erste Frau auch genannt wurde, nämlich immer wieder eine Schüssel voll Milch an den Eingang der Höhle. Als sie das nächste Mal an der Höhle vorbeikamen, war die Milch fort und in der Schüssel lag ein edler Stein.

So lebten die antrischen Leute in der Höhle still und friedlich zusammen, blieben aber ganz unter sich. Ihre neue Umgebung war ihnen seltsam vertraut, die finsteren Berghöhlen, die tiefen Löcher und die weiten unterirdischen Gänge.

Und während sich die Mädchen ab und zu aus der Höhle trauten, um bei den Bauersleuten als Magd zu dienen, wandten sich die Knaben meist nur an Menschen, wenn schlechtes Wetter bevorstand oder die Ernte auf dem Feld in Gefahr war. Dann nämlich sagten sie den Bauersleuten das Wetter vorher oder gaben Ratschläge für eine gute Ernte. Denn die antrischen Leute waren der Natur und den Menschen stets wohl gesonnen.

Nur eines konnten weder die Mädchen, noch die Knaben ausstehen. Und das war Lärm. Wenn im Tal Volksfeste gefeiert wurden oder sich im Dorf große Menschenmengen versammelten, dann ward von den antrischen Leuten keiner gesehen. Dann verschlossen sie sorgsam ihre Höhlen mit Sträuchern und Ruten und bedeckten sie mit dichtem Moos.

Am Schlimmsten aber lag ihnen das Geräusch der Glocken in den Ohren, denn es drang sogar durch das Moos hindurch. Wenn nämlich Geiß oder Kuh mit Glocken behängt in die Nähe des Waldes kamen, war ihr Geläut derart aufdringlich zu hören, dass sich die antrischen Leute im Inneren der Höhle die Ohren zuhielten. Wurde ihnen aber auch das zu viel, vertrieben sie die Tiere mit unheimlichen Geräuschen und den Bewohnern im Dorf lief von den antrischen Pfiffen ein Schauer über den Rücken.

Bald mieden die Menschen deshalb die Gegend und nannten sie nur mehr „die Gegend der antrischen Löcher“.

Das ging so lange, bis eines Tages eine Gruppe von Fremde ins Dorf kam. Sie trugen ein Kreuz um den Hals und auf ihrem Wagen lag eine große, nein eine überaus große Glocke.

Gemeinsam mit den Dorfbewohnern bauten sie einen Kirchturm und in den Kirchturm hängten sie die Glocke.

„Sie wird euch vor Unheil schützen und an das tägliche Gebet erinnern“, sagten sie und verordneten im Dorf, die Glocke dreimal am Tag zu läuten: Bei Tagesanbruch die Laudesglocke, bei der Sonne ihrem Höchststand die Sext und bei Einbruch der Dunkelheit die Vesper.

Die Dorfleute taten, wie ihnen geheißen wurde und läuteten die große Glocke dreimal am Tag. Doch den antrischen Leuten war die Glocke ein Dorn im Auge oder genauer gesagt ein Dorn im Ohr. Also warteten sie, bis die Glocke das letzte Mal geläutet hatte, stiegen in den Kirchturm, stahlen die Glocke und schleppten sie im Dunkel der Nacht in den Wald. Zwischen den Felsen vergruben sie die große Glocke unter sieben Spannen Erde.

Die Zeit verging und die Leute im Dorf vermissten ihre große Glocke. Doch keiner wusste, wo sie geblieben war. Auf eine Generation folgte eine neue, auf die neue wieder eine und mit jeder neuen Generation wanderte die Glocke von tief unter der Erde weiter nach oben: sieben Spannen in dreihundert Jahren.

Bis seine goldene Farbe eines schönen Tages wieder an der Erdoberfläche sichtbar wurde. Ein Hirte sah sie am Felsen glänzen und zog sie mit viel Kraft und noch mehr Mühe aus der Erde heraus. Er dachte: „So eine schöne Glocke gehört in den Kirchturm!“ Doch da sah der Hirte, dass der Klangkörper nicht glänzte wie früher einmal und beschloss, aus der alten großen Glocke viele neue kleine Glocken zu gießen. Deren Klang war nun nicht mehr laut und geräuschvoll, sondern vielmehr zart und sanft. So zart und sanft, dass er sogar die antrischen Leute betörte.

Der Klang der neuen Glocken lockte die verbannten Leute wieder aus ihren Höhlen und es mögen wohl gerade sieben Generationen vergangen gewesen sein, als sie sich wieder unter die Menschen wagten. Und wenn du genau hinsiehst, kannst du vielleicht die einen oder anderen im Ahrntal entdecken.

VERBANNTE WESEN

Das Tauferer Ahrntal besteht aus dem Tauferer Tal und dem Ahrntal, sowie den Seitentälern Mühlwald, Rein und Weißenbach. Das Tal gehört zu den ursprünglichsten Gebieten Südtirols, vor allem das steile Felsgelände im hinteren Teil des Ahrntals, wo es zuweilen antrisch zugeht.

Antrische Leute gehörten der Sage nach zu einem seltsamen Bergvolk, das in Höhlen, Felslöchern oder abgelegenen Gegenden wohnte. Die Höhlen, in denen die unheimlichen Leute wohnten, nannten die Menschen Antrische Löcher, den Eingang zur Höhle Multerloch.

Antrische Löcher sind im Tauferer Ahrntal weit verbreitet. Es gibt sie im Grießmair-Waldele und am Schattenberg bei Mühlen, in Rain, St. Johann, St. Peter und Weißenbach, in Lappach bei Mühlwald, aber auch im benachbarten Antholz und Onach.

Moltina

Einst waren die Berge heilige Orte, weil sie lange vor den Menschen da waren. In den Höhlen dieser Berge lebten die Menschen in einem Clan friedlich zusammen. In den kalten Jahreszeiten zogen sie ins Tal, im Frühling und Sommer wieder in ihre Höhle inmitten der Berge.
In einer dieser Höhlen in den Pragser Dolomiten wohnte einst ein kleines Mädchen namens Moltina. Ihre Mutter hatte sie als Kind zu einer alten Wasserfrau gebracht, unter deren liebevoller Obhut das Mädchen aufwuchs. Beide liebten die hohen Berge und auch die Murmeltiere. Gleich am Morgen setzte sich Moltina mit ihren geliebten Freunden auf den Stein vor ihrer Höhle, begrüßte die Hohe Gaisl und die dahinter aufsteigende Sonne. Aufrecht, mit beiden Beinen am Boden, hob sie ihre Arme zum Himmel, verneigte sich vor den ersten Sonnenstrahlen und sog die Kraft der Sonne tief in sich auf. Und Moltina wurde es warm ums Herz.
Die Jahre gingen ins Land. Auf den Winter folgte ein Frühling und auf den Frühling ein neuer Sommer. Moltina wuchs zu einer jungen Frau heran, die den Tag lang über die Wiesen und durch die Wälder streifte, die Weiten der Hochebene in vollen Zügen genoss.
Eines schönen Sommertages erwachte sie und trat an den Eingang ihrer Höhle. Gerade wollte sie nach ihrem morgendlichen Ritual Köcher und Bogen für die Jagd schultern, als sie am Ende des Weges eine Gestalt sah. Es war ein junger Jäger, der zu Fuß

von Osten über die Hochebene kam. Er war das erste männliche Wesen, das Moltina in den Bergen zu Gesicht bekommen hatte.
Als sich der junge Jäger der Höhle näherte, versteckte sie sich rasch hinter dem Felsen und beobachtete ihn heimlich von ihrem Versteck aus. Offensichtlich hielt er Ausschau nach Gämsen, denn er kletterte abwechselnd auf die Anhöhe zu ihrer Rechten und dann auf die Anhöhe zu ihrer Linken. Eine ganze Weile hielt Moltina den Atem an, um ja nicht entdeckt zu werden und verfolgte mit scharfem Blick jede seiner Bewegungen. Doch je länger sie ihn beobachtete, desto mehr berührte sein edles Wesen ihr Herz.
So kam es, dass Moltina dem Jäger heimlich folgte, nur um zu sehen, wohin er ging.
Ihr Blick verfolgte den jungen Mann so lange, bis er langsam hinter den Bergen im Osten verschwand. Ihre Augen leuchteten vor Aufregung, ihr Herz pochte vor Liebe. Augenblicklich

wollte sie die ganze Welt an ihrem neuen Glück teilhaben lassen. Also kletterte sie auf den Gipfel ihres Berges und erzählte unterwegs den Murmeltieren, den Blumen und den Gräsern von ihrer Liebe. Am Gipfel angelangt, küsste sie den Felsenstein und dankte dem Himmel für die glückliche Fügung. Dabei legte sie ihre Hände auf den Felsen. Zu ihrem Erstaunen erwärmte sich der Stein wie von Zauberhand und schon bald entzündete sich am Stein ein mächtiges Feuer. Auf diese magische Weise teilte der Berg ihre glühende Liebe.

Es vergingen nur wenige Tage und der junge Jäger kam erneut auf die Hochebene. Doch diesmal stand er Moltina Auge in Auge gegenüber und verliebte sich in das Mädchen. Von jener Stunde an kam der Jäger jeden Tag in die Berge, erzählte Moltina von seinem Reich, seiner Burg und von den Menschen am Hof. Schließlich hielt er bei der Wasserfrau um die Hand von Moltina an und es kam der Tag, an dem die junge Frau schweren Herzens von der Wasserfrau, vom Berg und von den Murmeltieren Abschied nahm.

Moltina zog in die Burg des jungen Prinzen. Die Menschen am Hof waren ihr freundlich gesinnt und beherrschten ein besonderes Handwerk. Aus dem Silber der Gegend fertigten sie Trompeten, die einen magischen Klang erzeugten. Das Volk des jungen Prinzen und ihre lieblichen Weisen waren dafür weit über die Grenzen des Landes hinaus bekannt.

Auch am Tag der Hochzeit ertönten die königlichen Trompeten. Moltina zog ihr weißes, reich besticktes Gewand an und legte sich die lange Schleppe über. Als die junge Braut gerade in ihrem Schlafgemach vor dem Spiegel stand und sich sorgsam betrachtete, öffnete sich leise die Tür und eine Schar Murmeltiere trat ein. Wie groß war die Freude, als die junge Frau ihre geliebten Freunde wiedersah! Überglücklich umarmte sie einen

nach dem anderen.
Als sie beim Letzten der Runde angelangt war, hielt dieser in seinen Krallen einen blauen Stein. Ehrfürchtig überreichte das Murmeltier der jungen Braut den göttlichen Stein und sprach: „Wir haben die Rayeta tief unter der Erde in einer Höhle für dich gehütet. Sie verbindet dich auf ewig mit deinen Ahnen, bringt dir großes Glück und verleiht dir magische Kräfte." Voll Staunen und Dankbarkeit nahm Moltina die Rayeta entgegen.
Ehrfürchtig legte die junge Braut den blauen Stein auf ihre Stirn und trat, einer Königin gleich, vor die Hochzeitsgäste. Von nah und fern waren sie gekommen, um der neuen Prinzessin ihre Ehre zu erweisen. Voll Staunen blickten sie auf ihre Schönheit und als Moltina zu ihrem Bräutigam trat, ging ein Raunen durch die Reihen der Gäste: „Wer ist diese schöne Prinzessin? Woher kommt die fremde Braut? Und was hat es mit diesem strahlenden Stein auf sich?"

Keiner der Anwesenden am Königshof wagte es, jedoch die verhängnisvolle Frage nach der Herkunft der Prinzessin zu stellen. Schließlich ergriff eine wagemutige Königin das Wort und vor versammelter Gesellschaften sprach sie: „Liebe Prinzessin, erzählt uns doch von eurer Familie! Gerne würden wir mehr über eure Ahnen erfahren!"
Sofort richteten sich alle Blicke erwartungsvoll auf Moltina. Der jungen Frau wurde abwechselnd heiß und kalt. Sollte sie sagen, dass sie mit dem Berg und den Murmeltieren verbunden war? Vor Verlegenheit schoss ihr die Röte ins Gesicht. Unfähig, ein Wort zu sagen, richtete sie ihre Augen hilfesuchend gegen Westen, in Richtung ihres Mutterberges. In diesem Moment geschah etwas Sonderbares. Der Berg leuchtete plötzlich feuerrot. So rot wie die Röte in ihrem Gesicht. Er leuchtete, obwohl erst Mittag war und von Abendröte noch keine Spur. Der Berg war noch immer auf magische Weise mit Moltina verbunden.

LEUCHTENDE MORGENRÖTE

Die Hohe Gaisl, auch „Croda Rossa d'Ampezzo" genannt, ist der höchste Berg der Pragser Dolomiten. Der Berg liegt an der Grenze zwischen Südtirol und Belluno (Venetien). Seinen italienischen Namen „Croda Rossa" hat die Hohe Gaisl, weil sie am Morgen rot leuchtet.
Dieses Leuchten, das die Gipfel am Morgen und am Abend rot färbt, heißt „Enrosadira" und entsteht an warmen Sommerabenden, an denen die Sonne tagsüber die hellen Felsen erhitzt. Am Morgen leuchten die Felsen, die mit ihren Wänden nach Osten ausgerichtet sind, am Abend jene nach Westen.

König Laurin

In einem geheimnisvollen Berg in den Dolomiten lebte einst ein Zwergenkönig. Seinen Namen Laurin, der Sieger, hatte er bekommen, weil er im Zweikampf immer siegte. Er besaß nämlich ein Schwert, das Eisen und Stein brechen konnte. Außerdem einen Mantel, der ihn unsichtbar machte und einen Gürtel, der ihm die Kraft von zwölf Männern verlieh. Er war also nicht nur ein König, sondern auch ein Krieger. Doch König Laurin war kein grausamer, sondern ein friedvoller Krieger, denn er liebte Rosen über alles.

Seine Blumen leuchteten von Frühling bis Sommer, sie leuchteten bei Tag und auch bei Nacht und König Laurin hatte seine Freude damit. Die Zwerge pflegten seinen Rosengarten mit viel Liebe, bewässerten den Garten und umsorgten jede einzelne Pflanze. Um seine Blumen zu schützen, spannte der Zwergenkönig rund um die Blumenbeete einen magischen Seidenfaden. Wenn jemand den Garten unerlaubt betrat und sich im Faden verwickelte, konnte König Laurin ihn sofort bestrafen.

Wenn die Zwerge sich nicht gerade um den Rosengarten kümmerten,

schürften sie im Inneren des Berges nach Schätzen wie Edelsteine, Silber und Gold, die dem König seinen immensen Reichtum verliehen.

Laurin liebte es, seinen Reichtum zur Schau zu stellen. In seinem Felsenschloss, nahe einem vereisten See, hielt er Feste, zu denen er die Gäste des ganzen Landes einlud. Denn er liebte die Künste, die Musik, den Gesang und auch den Tanz. Das einzige, was dem König fehlte, war eine Braut.

An einem schönen Frühlingstag überbrachte ein Bote dem König eine gute Nachricht: Prinzessin Similde, die Tochter des neuen Königs an der Etsch, war auf der Suche nach einem Bräutigam. Ihr Vater ließ ein herrliches Fest ausrichten, das sieben Tage und sieben Nächte dauern sollte. Similde sollte ihren Bräutigam wählen, mit einem Maienkranz im Haar. Tapfer wie er war, ritt König Laurin auf seinem Schimmel zum fremden Schloss. Doch er hatte das Tor kaum betreten, als er auf Mitbewerber stieß: Ritter Hartwig mit der Lilie auf dem Wappen und Ritter Wittich mit der Schlange auf dem Schild. Als die tapferen Helden den Zwergenkönig sahen, lachten und verspotteten sie ihn: „Was? Du willst um Similde werben? Du bist doch kaum fünf Fußbreit hoch und dein Schimmel ist knapp größer als eine Geiß!“

Da wurde Laurin wütend, überlegte nicht lange und zog sich, versteckt hinter einem Busch, seinen magischen Mantel über. Augenblicklich wurde er samt seinem Schimmel unsichtbar. Und bald darauf verschwand auch Prinzessin Similde, vor den überraschten Augen des Publikums.

Vergeblich suchten die Ritter und Edelmänner des Königs nach der holden Jungfrau, sie war wie vom Erdboden verschwunden. Also zogen die beiden tapferen Ritter Hartwig und Wittich aus, das Mädchen zu suchen. Sie suchten landauf und landab und kamen auf ihrer Reise schließlich bis nach Verona, an die Burg des großen Dietrichs von Bern.

Er war es, der den Rittern den entscheidenden Hinweis gab: „Hinter der

Entführung steckt König Laurin mit der Tarnkappe. Sein Reich liegt im Land der Berge, wo Tag und Nacht die Rosen blühen."

Die tapferen Ritter zögerten nicht lange und in Begleitung von Dietrich von Bern und seinem Waffenmeister Hildebrand zogen sie entlang der Etsch bis nach Bozen am Fuße des gewaltigen Purpurfelsens. Bei Kardaun, dem Ausläufer der bleichen Berge, sahen die Ritter erstmals das feuerrote Leuchten des Rosengartens und hielten vor Staunen inne.

Gemeinsam erklommen sie die felsigen Höhen, vorbei an Schloss Karneid, weiter nach Welschnofen und vorbei am Karersee, dem Leuchten des Berges nach bis zu den schroffen Bergspitzen des Rosengartens.

Plötzlich lagen sie vor ihnen, die zauberhaft leuchtenden Rosen, umzäunt nur durch einen feinen Seidenfaden. Ohne darauf zu achten, zerriss Wittich den Faden und betrat den Garten. In genau demselben Augenblick erschien auch schon der König in goldenem Gewand, in der Hand ein silbernes Schwert. „Wer wagt es, ohne meine Erlaubnis meinen Rosengarten zu betreten?", brüllte der Zwergenkönig und ohne eine Antwort abzuwarten, stürzte er sich auf den fremden Ritter, um ihn zu bestrafen.

Da stellte sich der tapfere Dietrich von Bern dem König in den Weg. Er wusste, dass Laurin mit seinem magischen Gürtel unbesiegbar war. Doch wenn es jemand wagen konnte, den Kampf mit ihm aufzunehmen, dann war dies Dietrich. In einem unerbittlichen Zweikampf traten die beiden Männer gegeneinander an und es schien zuweilen, als habe Dietrich keine Aussicht auf Sieg. Erst als es dem Ritter gelang, mit einem einzigen Schwerthieb Laurins Gürtel zu durchschneiden, schien sich das Blatt zu wenden.

Doch noch war ihm der Sieg nicht sicher, denn rasch legte sich der König seinen Zaubermantel um und Dietrichs Schwert stieß ins Leere. Laurins

Schwert hingegen streifte Dietrich an Schultern und Füßen. „Schau zu Boden! Dort kannst du Laurins Spuren im Gras erkennen!“, riefen ihm seine Freunde zu. Und wirklich, nun schien es Dietrich, als würde er die ganze Gestalt Laurins vor sich stehen sehen. Nach ein paar gezielten Schwerthieben gab der Zwergenkönig schließlich klein bei.
Zum Zeichen des Friedens reichte der besiegte König den Rittern die Hand und lud sie zu Speis und Trank auf sein zauberhaftes Felsenschloss ein. Wie staunten die Ritter, als sie durch die funkelnden und glänzenden Hallen des Schlosses wandelten, derweil die Zwerge leckere Köstlichkeiten auftischten. Es wurde getanzt und gesungen, gelacht und getrunken bis spät in die Nacht.
Die sorglose Feier hätte wohl bis zum Morgengrauen angehalten, hätte nicht um Mitternacht Prinzessin Similde die Halle betreten. Mit Tränen in den Augen fiel sie Dietrich um den Hals und flehte: „Bitte bringt mich hier fort. Nimmermehr möchte ich werden König Laurins Braut.“ Da blieb dem Helden nichts Anderes übrig, als erneut zu den Waffen zu greifen. Mit dem Schwert in der Hand forderte er den König auf, Similde frei zu geben. Doch davon wollte der Alpenkönig nichts wissen und erneut entbrannte ein Kampf, der kühner nicht hätte sein können. Auf der einen Seite der König mit seinen Zwergen, auf der anderen Seite die drei Ritter mit Similde. Ein ungleicher Kampf, den der kleine König schon bald verlor. Gleich am nächsten Morgen zogen die Ritter mit Similde von dannen und ließen den glücklosen Zwergenkönig alleine zurück. Enttäuscht und verbittert über die verlorene Liebe, rief Laurin mit Blick auf den Rosengarten aus: „Ihr leuchtenden Rosen habt mich verraten! Weder bei Tag, noch bei Nacht sollt ihr von heute an sichtbar sein.“ Doch in seinem Zorn hatte der König die Dämmerung vergessen. Und so leuchten die Rosen jeden Abend aufs Neue und erfreuen all jene, die zu später Stunde einen Blick auf den Rosengarten werfen.

VERRÄTERISCHES ALPENGLÜHEN

Rosengarten ist der Name eines dreitausend Meter hohen Bergmassivs in den Dolomiten und zugleich ein Talkessel, das sogenannte Gartl. Im Gartl, zwischen der Laurinswand, der Kesselkogel-Wand und den Vajolet-Türmen soll der Sage nach ein Garten voll Rosen gelegen haben.

In der Abenddämmerung, wenn die Sonne hinter den Bergen untergeht, leuchtet der Rosengarten feuerrot. Das kommt daher, weil die warmen Strahlen der untergehenden Sonne auf das bleiche Gestein scheinen und die Felsen die rötliche Farbe der Strahlen reflektieren. Sie werden dunkler und dunkler, bis die letzten Sonnenstrahlen erlöschen. Dieses Glühen der Alpen können wir besonders schön am Rosengarten beobachten.

Die Latemarpuppen

Gegenüber dem Rosengarten, am Fuße des Latemars, lebte einst in einer kleinen Hütte ein alter Mann. Seine Lieblingsbeschäftigung bestand darin, aus Holz und Wurzeln Puppen zu schnitzen, sie in farbige Seidengewänder zu kleiden und in seiner Hütte am Fenster aufzustellen. Bereits in den frühen Morgenstunden machte sich der alte Mann im nahe gelegenen Lärchenwald auf die Suche nach Holz. Dabei muss er eines Tages wohl versehentlich sein Messer verloren haben, denn als er in seiner bescheidenen Hütte ankam, war das Messer mit dem goldenen Griff verschwunden.

An jenem besagten Tag waren auch die Kinder des Dorfes mit ihrem Vieh auf der Weide unterwegs. Den lieben langen Tag über hatten sie die Ziegen und Schafe gehütet und gemeinsam im Lärchenwald Verstecken gespielt. Erst als im Tal die Abendglocken läuteten, machten sie sich langsam wieder auf den Heimweg.

Da sahen sie plötzlich in der Ferne den alten Mann, wie er gebückt Meter für Meter das Gras nach seinem Messer absuchte. Als sich die Kinder ihm näherten, erhob er sich und meinte: „Ich habe hier wohl mein wertvolles Schnitzmesser verloren. Wenn ihr es findet, bringt es mir doch bitte zurück. Ich wohne in der Hütte am Fuße des Berges“ und zeigte mit seinem Zeigefinger geradewegs auf eine kleine Berghütte.

Die Kinder versprachen es und verabschiedeten sich vom Alten. Sie waren kaum wenige Meter gegangen, als eines der Mädchen im Gras etwas glänzen

sah. Und wirklich! Es war das Messer mit dem goldenen Griff. Staunend betrachteten die Kinder das wertvolle Stück und das Mädchen meinte: „Ich lauf gleich zum alten Mann, um ihm das Messer zu bringen. Er wird sich sicher freuen!"
Also machte sich die Hirtin auf den Weg und traf den Alten vor seiner Hütte an. Erfreut über den Fund des ehrlichen Mädchens, versprach er: „Als Dank für deine Mühe darfst du dir etwas wünschen." Das Mädchen überlegte nicht lange und mit Blick auf die wunderbaren Puppen am Fenster sprach es: „Ich wünsche mir schon so lange eine schöne Puppe."
Da überlegte der Alte und meinte: „Wenn du gleich morgen früh mit deinen Freunden wiederkommst, könnt ihr alle eine Puppe bekommen. Jetzt aber mach dich rasch auf

den Heimweg, denn bei Einbruch der Dunkelheit sind hier in den Bergen die Geröllhexen unterwegs."
Das Mädchen machte sich gleich auf den Rückweg, während sich über dem Latemar bereits die Wolken verdunkelten und der Wind zu blasen anhob. Und siehe da! Wie aus dem Nichts stand an einem Bach plötzlich eine alte Frau und schickte sich an, das Mädchen ein Stück des Weges zu begleiten. Das Mädchen, nichtsahnend, erzählte der Alten von ihrem Tag auf der Weide, vom Spiel mit ihren Freunden, von der Begegnung mit dem seltsamen Alten und auch vom wertvollen Fund im Gras.
Da wurde die Alte plötzlich sehr ernst: „Der Alte von der Hütte am Latemar ist steinreich. Er hat alles, was das Herz begehrt. Bei Tag wohnt er in einer armseligen Hütte, bei Nacht aber in einem riesengroßen Schloss. Dort fertigt er statt billiger Holzpuppen in Seidenkleidern kostbare Puppen aus Stein an, geschmückt mit Gold, Silber und Edelsteinen. Willst du reich werden, so hör mir gut zu. Sollte er dir morgen die billigen Puppen anbieten, so ruf laut: „Puppen aus Holz mit seidenen Fetzen, schaut euch Latemar's Turm an, den Letzten!"
Das Mädchen versprach's und verabschiedete sich. Wie konnte sie ahnen, dass es die Geröllhexe höchstpersönlich war, die Böses im Schilde führte und dem alten Mann seine schönen Puppen nicht gönnte.
Nichtsahnend zogen am nächsten Morgen die Kinder mit ihrem Vieh auf die Weiden und in freudiger Erwartung liefen sie den schmalen Steig durch den Wald weiter, der direkt zum Latemar führte. Kaum aber standen sie unmittelbar vor dem Berg, hörten sie aus dem Inneren des Felsens ein Knarren und ein Krachen, dass ihnen angst und bange wurde. Wie von Zauberhand öffnete sich in der Felswand ein riesiges Tor und heraus trat wie in einer Prozession eine schier endlos scheinende Schar an Puppen in

weißen, gelben und roten Kleidern. Die Kinder trauten ihren Augen nicht und verzaubert von der Schönheit der Puppen, wählten sie im Geiste eine der Figuren aus der wundersamen Schar aus.
In diesem Augenblick aber erinnerte sich das Mädchen an die Worte der Alten und in ihrer Gier nach mehr rief sie laut aus: „Puppen aus Holz mit seidenen Fetzen, schaut euch Latemar's Turm an, den Letzten."
Da hob am Berg ein ohrenbetäubendes Krachen und Knirschen an, gepaart mit einem höhnischen lauten Gelächter. Augenblicklich verwandelten sich die bunten Puppen in starre Gestalten aus grauem Stein. Aus Angst vor den Geröllhexen liefen die Kinder samt ihrem Vieh ins Tal, so schnell sie nur konnten.
Seit jenem Tag aber stehen am Latemar eine Vielzahl von versteinerten Puppen und wer genau hinsieht, erkennt noch zaghaft ihr einst wundersames buntes Gewand.

SONDERBARES GESTEIN

Der Latemar ist ein Bergkamm in den Dolomiten, in einem bis heute eher unberührten Teil der Dolomiten. Im Westen des Latemars liegt Deutschnofen, im Norden Welschnofen, im Nordosten der Karerpass, im Süden das italienischsprachige Fleimstal.
Erwähnenswert am Latemar sind die unterschiedlichen Gesteine. Das Plateau von Welschnofen besteht vorwiegend aus Porphyr, der Gipfel des Latemars aus Dolomit und am darunterliegenden Fels sind Sedimente mit Fossilien aus Urzeittieren und Muscheln abgelagert. Im Unterschied zum Gestein des benachbarten Rosengartens ist jenes am Latemar arm an Magnesium. Es ist sehr brüchig, weshalb Steine abbrechen und sich in den ausgedehnten Schutthalden ansammeln. Zahlreiche solcher am Boden liegenden Felsbrocken sind bis heute am Labyrinthsteig zu sehen.

Die Pachlerzottl

Barbara, wegen ihrer zotteligen Haare stets nur die „Pachler Zottl“ genannt, hat wirklich gelebt. Sie wurde in Villanders geboren und zog schon als kleines Kind mit ihren Eltern auf den Stöckelehof in Auen nach Sarntal. Sie war ein hübsches Mädchen und wenn sie nicht gerade ihrer Mutter bei der Arbeit in Haus und Hof half, hielt sie sich am Liebsten im Freien auf.
Ihre Mutter, die alte Stöcklerin, war eine kräuterkundige Frau und verstand sich auf allerlei Künste, die die Menschen im Laufe der Zeit verlernt hatten. Ihrer ältesten Tochter Barbara zeigte sie, was sie selbst von ihrer Mutter gelernt hatte. So etwa gab Barbara den Kühen nur die besten Kräuter am Feld. Das hatte zur Folge, dass ihre Kühe mehr Milch gaben als jene der Nachbarn. Das sprach sich bald herum und ihre besondere Gabe im Umgang mit dem Vieh gefiel auch dem jungen Pachler Bauer.
Kunz, der Pachler Bauer von Windlahn, holte Barbara als Bäuerin zu sich auf den Hof. Sie war damals 21 Jahre alt und gebar ihm in den nächsten Jahren drei kleine Kinder. Die Pachlerin, wie sie bald von den Nachbarn genannt wurde, mochte die Arbeit am Hof sehr. Bereits in den frühen Morgenstunden brannte im Haus das Licht und im Stall hörte man ihren Gesang. Und doch fehlte es Barbara zuweilen an Abwechslung. Kein Wunder, dass sie sich bald mit anderen Frauen zum Tanzen traf. Anfangs fiel die Wahl auf den Rosswagen am Ritten, mit dabei das Pemmerer Weibele, die Rainerin aus Gissmann, die Meltererin aus

Gasters und auch die Frau Amtmännin aus Lengmoos. Regelmäßig am Donnerstag hieß es „Auf zum Tanz!“ und aus allen Richtungen strömten die Frauen auf den Rosswagen.
Doch der Weg dorthin war mühsam und schon bald hielt die Pachlerin Ausschau nach einem Tanzplatz in ihrer unmittelbaren Nähe. Im Tal hörte sie von den Putzenmannlen, einem magischen Ort am Putzerjoch und sie konnte es kaum erwarten, den geheimnisvollen Ort zu besuchen.
Es war früh morgens, als die Pachlerin das Joch erreichte. Zu ihrer Überraschung sah sie dort aber nicht nur die Putzenmannlen, sondern traf auch wunderschöne Wasserjungfrauen mit weizenblonden Zöpfen.
Auf der Weiherwiese lachten und sangen sie und tanzten rund um ihren kleinen Weiher. Vorsichtig näherte

sich die Pachlerin den Jungfrauen und nachdem die Fräuleins sie ohne zu Zögern in ihre Reihen aufnahmen, gab es bald für die Pachlerin nichts Schöneres, als sich in lauen Sommernächten in luftige Höhen zu den blonden Wasserjungfrauen zu begeben. Erfreut ließ sie den Alltag hinter sich, tanzte ausgelassen mit offenem Haar mit, sang und lachte bis zum Morgengrauen.

Eines Tages aber machten die Jungfrauen bei ihrer Ankunft ein ernstes Gesicht. „Die Bäume färben sich und es ist Zeit für uns zu gehen. Wir werden in den Tiefen des Wassers verschwinden und erst im nächsten Frühjahr wiederkommen. Dir aber möchten wir zum Zeichen unserer Freundschaft ein Geschenk machen." Mit diesen Worten reichte ihr eine der Jungfrauen ein Fadenknäuel und meinte: „Frag nie nach dem Ende". Daraufhin tauchten die Jungfrauen in den Weiher und verschwanden im Wasser, dass nur noch kleine Ringe an der Oberfläche zu sehen waren.

Traurig ging die Pachlerin nach Hause und nähte ihren Kindern mit dem Knäuel allerhand kunstfertige Kleider. Doch so sehr sie auch Faden vom Knäuel nahm, er wurde nicht weniger. Das ging über einige Monde so und jedes Mal, wenn die Pachlerin in langen Winternächten in der Stube nähte, dachte sie an die Jungfrauen vom Putzerweiher.

Lichtmess war ins Land gezogen und auch der März mit dem gleich langen Tag und der gleich langen Nacht.

Als schließlich im April der Sommer nahte und die ersten warmen Sonnentage ins Haus fielen, machte sich die Pachlerin erneut auf den Weg zum Putzerjoch. Doch zu ihrem Schrecken fand sie statt des Weihers nur mehr eine kleine, sumpfige Lacke. Von den Wasserjungfrauen war weit und breit nichts zu sehen.

Enttäuscht setzte sich die Pachlerin auf den großen Stein in der Mitte der Lacke und dachte nach. „Wie wäre es, wenn wir weiterhin hier unsere Feste feiern würden?“ Noch am selben Abend trommelte sie Frauen von nah und fern zusammen, um die bevorstehende Mainacht feierlich zu begehen. Es kam die Rainerin aus Gissmann, die Dorothea aus Wangen, die Margareth aus Hafling, die Agnes aus Terlan und sogar ein Mann: der lange Hainz aus Mals. Aus dem Sarntal, von Mölten, ja sogar vom Ritten kamen die Weiber mit Fackeln und Körben voll Essen und Trinken.

Zur Feier des Tages spendierte die Pachlerin ein halbes Schwein, das mit viel Gelächter auf dem lodernden Feuer gebraten wurde. Daneben gab es Käse und Speck, Brot und Wein und es wurde gegessen und getrunken, gesungen und getanzt bis in die späte Nacht. Gemeinsam begrüßten sie den Mai, wählten aus ihrer Mitte eine Maibraut und einen Bräutigam und setzten ihnen einen Kranz voll bunter Almkräuter auf. Denn sie alle wussten: je mehr getanzt wird, desto reicher fällt die Ernte im kommenden Jahr aus. Je mehr gelacht wird, desto ruhiger das Gemüt während der langen Arbeitszeit im Sommer.

Die Jahre gingen ins Land und mit ihnen neue Herren. Sie aber sahen die ausgelassenen Feiern am Putzerjoch mit Argwohn. Plötzlich hieß es, die Pachlerzottl sei schuld, wenn die Butter im Kübel nicht hart wurde, wenn die Tiere in die Schlucht stürzten, wenn ein Unwetter die Ernte zerstörte oder wenn im Haus ein Blitz einschlug. Stets gaben sie der Pachlerzottl die Schuld.

Und so kam es, dass die arme Frau bald nicht mehr nur verhört und gefoltert, sondern schließlich am Scheiterhaufen als Hexe verbrannt wurde. Das war eine schreckliche Zeit. Doch die Pachlerzottl hat sich nicht unterkriegen lassen. Wenn man in einer klaren Vollmondnacht auf das Putzerjoch wandert, siehst man sie bis heute dort tanzen, inmitten der zahlreichen Stoanernen Mandln.

MAGISCHE KRAFTPLÄTZE

Auf dem Pachlerhof in Windlahn im Sarntal lebte einst die Bäuerin Barbara Pachler, auch Pachlerzottl genannt. Es heißt, dass sie von ihrer Mutter Zauberkünste gelernt und mit anderen Hexen bei den Stoanernen Mandln Hexenfeste gefeiert hat. Sicher ist, dass die Pachlerzottl in Burg Reinegg gefoltert wurde, in Sarnthein vor Gericht gestellt und am Öttenbacher Galgenplatz am Scheiterhaufen verbrannt wurde.
Die Stoanernen Mandln im Sarntal waren im Mittelalter als Hexenplätze bekannt, neben dem Rosswagen am Ritten oder dem Möltner Joch am Tschögglberg. Heute würde man sagen, diese Plätze sind Kraftorte, denn sie liegen an energetisch besonderen Orten, an denen früher Rituale abgehalten wurden.

Der Lauterfresser

Für die Nachbarn in Tschötsch war Mathias ein sonderbarer Mensch. Nie hielt er es lange an einem Ort aus und auch sonst war er ein unruhiger Knabe. Weil seine Eltern arme Leute waren, musste er früh sein eigenes Geld verdienen. Mal diente er als Hirte in Schnauders oder Spiluck, mal als Knecht in Schalders oder Lüsen. Zwar machte er seine Arbeit gut, aber sein ehrliches Interesse galt den Büchern.

Wo immer ein Buch lag, zog sich Mathias in die Ecke zurück und blätterte emsig darin. In Wirklichkeit aber konnte der Hiesl, wie er auch genannt wurde, nicht lesen. Zwar bemühte er sich, einzelne Buchstaben und Zahlen zu entziffern, doch meist studierte er nur die vielen Bilder in den Büchern. Sobald er einen Geistlichen traf, der das Lesen und Schreiben beherrschte, bat er ihn eifrig, ihm den einen oder anderen Satz vorzulesen.

Richtig lesen lernte der Hiesl aber erst am Friedhof. Ja, das mag seltsam klingen, aber von morgens bis spät abends hielt er sich am Friedhof auf und suchte Grabsteine von Leuten auf, deren Namen er kannte. Stundenlang saß er geduldig vor dem Grab und entzifferte die Zeilen. Ja, so brachte er sich selbst Lesen und auch das Schreiben bei.

Bald konnte Hiesl nicht mehr nur die Grabsteine entziffern, sondern sogar ganze Bücher lesen. Er besuchte die Bauern im Eisacktal und Pustertal und führte mit ihnen nächtelang philosophische Gespräche. Er verschlang Bücher über die Entstehung der Welt, über den Lauf der Sterne und über die Ordnung der Planeten. Er interessierte sich für die Bibel und die darin enthaltenen Segenssprüche und er nutzte Erntegebete, Schutzsegen und Gesundheitssegen, um die Leute mit seinem umfassenden Wissen zu beeindrucken.

Und er beeindruckte die Menschen wirklich! Wenn er von Hof zu Hof zog, trug er stets ein Bündel bei sich. Am Hof angekommen, legte er das Bündel auf den Küchentisch und zog daraus ein altes Stück Brot, einen Rosenkranz, eine verschlissene Jacke, aber vor allem seine zahlreichen Schriften hervor. Mal war es ein Liederbuch, aus dem er vorsang, mal das Buch von Johann Fausten, aus dem er erstmals über den Pakt des Teufels las. Am Liebsten aber erzählte der Hiesl von den Planeten.

Er kannte Saturn, Jupiter, Mond, Mars, Merkur, die Sonne und auch die Venus. Es reichte, wenn der Hiesl den Namen einer Frau wusste, so konnte er ihr durch die Anordnung der Sterne an ihrem Geburtstag ihr zukünftiges Leben vorhersagen. Ob sie reich werden würde oder arm, ob sie einen Mann haben würde oder auch Kinder. Was der Hiesl sagte, das traf auch ein. Und so war er mit seinem Planetenwissen bald ein gern gesehener Gast auf den Bauernhöfen.

Geld hatte der Hiesl keines. Und weil er sich auch wenig um die eigene Gesundheit kümmerte, hatte er bald auch kaum einen Zahn mehr im

Mund. Wenn er ins Wirtshaus kam, bestellte er nur „Ein Lauteres und ein Weißes“ und die Kellnerin brachte ihm einen Teller Suppe und eine Pfanne Mus. Die Wirtsleute nannten ihn deshalb einfach nur: der Lauterfresser.

Von Lichtmess bis Martini zog der Lauterfresser von Hof zu Hof und gab sein astronomisches Wissen zum Besten. Traf er einen Bauer um Lichtmess, sagte er: „Wenn's um Lichtmess stürmt und scheint, ist's zum Frühling nicht mehr weit.“ Da wusste der Bauer bei stürmischen Wetter, er konnte sich getrost auf den bevorstehenden Frühling freuen.

Ging es im Mai auf die Eisheiligen zu, wusste der Lauterfresser: „Mamertus, Pankratius, Servatius und auch die kalte Sofie, bringen oft Kält' und Verdruss, vergiss das nie!“ Damit riet der Lauterfresser den Bauersleuten, die Saat im Garten erst nach den Eisheiligen zu streuen.

Auf den Weg zu den Weinbauern machte sich der Lauterfresser Ende Mai und meinte schelmisch: „Scheint am Urbanstag die Sonne, gerät der Wein gern zur Wonne, regnet‘s aber, nimmt er Schaden und wird selten wohl geraten“, während er im September warnte: „Wenn Matthäus weint statt lacht, Essig aus dem Wein er macht.“ Damit wussten die Weinbauern, was sie im darauffolgenden Jahr erwartete.

Während er diese geheimnisvollen Worte sprach, blickte der Lauterfresser meist erwartungsvoll zum Himmel. Den Leuten war der Lauterfresser wegen seiner seltsamen Sprüche nicht ganz geheuer, denn er verstand sich nicht nur auf das Wetter, sondern auch auf Wurzeln und Kräuter.

Kein Wunder also, dass er in seinem Dorf Mühlbach bald als Hexenmeister verschrien war. „Einen Pakt mit dem Teufel hat er geschlossen“, hieß es. „Wer sonst flüstert ihm all das Wissen über Wurzeln und Kräuter ein, über das Wetter und sogar über

die Zukunft“, murmelten die alten Weiber.
Als es im Mai dann plötzlich kalt wurde und das Obst im Garten erfror, als es im Hochsommer bei vollen Ähren hagelte oder im August in den Niederungen unerwartet schneite, hieß es: „Da hat wohl der Lauterfresser seine Finger im Spiel“. Und so kam es, dass die Leute dem Hiesl zunehmend missgünstig begegneten.
Ein befreundeter Bauer hörte die Stimmen im Dorf und warnte den Lauterfresser: „Hüte dich vor dem Rodenecker Schloss und vor allem, hüte dich vor alten Weibern!“ Der Lauterfresser aber lachte nur und meinte: „Du weißt doch, dass ich mit dem Teufel im Bunde bin. Was soll mir schon Großes passieren!“
Noch am selben Tag erwies sich die Warnung als wahr. Als nämlich der Lauterfresser am Rodenecker Schloss an einem Strauch voll Haselnüsse vorbeikam, füllte er damit heimlich seinen geflickten Sack. Ein altes Weib, das nur auf seinen Fehlgriff gewartet hatte, schwärzte ihn sogleich beim Richter an und bald darauf nahmen Gerichtsdiener den Dieb im Stadel fest.
Der Rest der Geschichte ist rasch erzählt. Der Lauterfresser wurde ins Rodenecker Schloss geführt und in einen Kerker geworfen, das bis heute noch seinen Namen trägt: das Lauterfresserloch. Vom Schloss aus führte man den armen Hiesl vor Gericht, wo er wieder und immer wieder zu seinem seltsamen Tun und Lassen befragt wurde. Ganze dreizehn Mal stand er Rede und Antwort zu seinen Büchern, zum Pakt mit dem Teufel oder zu seinen Kräuter und Wurzeln. Schließlich verurteilte ihn der Richter als Hexenmeister und die Gerichtsdiener führten ihn zur Richtstätte. Wohl ahnend, welches Schicksal ihm bevorstehen würde, soll er auf dem Weg dorthin noch gesagt haben: „Heut’ wird’s wohl einen heißen Tag abgeben!“ Ihr seht, der Lauterfresser war bis zuletzt ein lustiger weiser Narr!

MYSTISCHES PLANETENWISSEN

Die Menschen nannten ihn stets „der Lauterfresser", weil er nur weiche oder flüssige, also lautere Speisen zu sich nehmen konnte. Sein wirklicher Name aber war Mathias Perger. Er wurde im Zeichen der Waage im Jahr 1587 in Tschötsch bei Brixen geboren. Zeit seines Lebens zog er als fahrender Händler durch die Gegend und verdiente sich sein Geld als Hirte oder Knecht. 1645 wurde ihm in Rodeneck der Prozess gemacht und noch im selben Jahr als Hexenmeister verurteilt und hingerichtet.
Das Ungewöhnlichste an ihm aber war sein umfassendes Wissen über das Wetter, die Sterne und auch über die Magie. Als einer der wenigen einfachen Leute seiner Zeit konnte der Lauterfresser nämlich lesen und schreiben. Stets trug er einen Rucksack voll Bücher mit sich herum, die vom Lauf der Planeten, von der Kunst der Wahrsagerei, von der Macht der Zauberei und auch von so manchem Schabernack erzählten.

Die Schlernhexen

Oberhalb von Bozen gibt es den kleinen Berg Virgl, zu dem einst viele Wege führten. Da gab es die Straße von Kohlern über Bad Isidor entlang, den Steig von Haslach über die Haselburg oder den Weg von Leifers über Seit nach Virgl.
Das letzte Stück des Weges zum Kalvarienberg von Bozen führte durch einen dichten Laub- und Mischwald hin zu einem Pflastersteig, der die Besucher geradewegs zu einer Kapelle mit einem geheimnisvollen Brunnen leitete. Man sagt, dass von jenem Brunnen die werdenden Frauen seit Jahrtausenden ihre Kinder holten. Denn die Mütter dachten: Die hübschesten Kinder kommen nicht vom Ufer der Talfer, auch nicht vom Ufer des Eisacks. Nein, sie kommen von der kleinen Quelle am Virgl. Scharenweise pilgerten die Bozner Frauen deshalb auf den nahegelegenen kleinen Berg, zur Kapelle und zum geheimnisvollen Brunnen mit den zwei Wasserbecken. Im linken Becken kamen die Mädchen, im rechten die Buben.
Eines Tages machte die Gärtnerin Nandl im Brunnen eine besondere Entdeckung. Wie jedes Jahr pflegte sie sorgsam den Garten der Kapelle, in welchem im Sommer wunderschöne gelbe Blumen blühten. Ihr goldenes Kleid leuchtete in der Sonne und die Nandl freute sich darüber, wenn sie den Garten betrat. Doch in jenem Herbst wurden die Blüten grau und zottelig und die Nandl hielt die Pflanzen für Unkraut. Sie zupfte die Blüten aus, sammelte sie in ihrem Korb und warf sie zuletzt allesamt in den Brunnen. Doch wie staunte sie, als aus dem

Wasserbecken plötzlich wunderschöne Mädchen mit blonden Haaren stiegen und sich auf den Weg ins Eggental machten.

Und das kam so. Zu jener Zeit, als König Laurin am Rosengarten herrschte und unterhalb des Berges seine wunderbar blühenden Rosen hütete, lebten auf den benachbarten Schlernwiesen die saligen Frauen. Am Fuße des Schlerns hegten und pflegten sie in ihren wilden Gärten den Rosmarin, die Nelken und auch die würzigen Kräuter. Alte Männer und junge Burschen aus Seis, Völs und Kastelruth machten sich sehnsuchtsvoll auf zu den duftenden Almen, um die Gunst der Saligen für sich zu gewinnen. Denn wo eine Salige Hof und

Garten hütete, waren fruchtbare Felder und reiche Ernten sicher.
Doch es kam, wie es kommen musste: Die vielen Besucher betraten bald nicht mehr nur die Gärten der Saligen, sondern zogen auch den benachbarten Garten von König Laurin in Mitleidenschaft. Ohne auf die Schönheit der Pflanzen zu achten, rissen die Buhler Rosen aus seinen Beeten, um sie den Saligen zu schenken. Als Laurin das sah, legte er sich wutentbrannt mit einem der jungen Verehrer an. Zwar war er dem Zwergenkönig an Größe und Kraft überlegen, doch Laurin zog sich rasch seine Tarnkappe über und band dem jungen Mann Hände und Füße fest. Da saß der verzweifelte Mann und konnte sich nicht mehr rühren, während auf den benachbarten Schlernwiesen die Saligen tanzten.
Wütend über die schönen Mädchen und ihre Verehrer, wandte sich der Zwergenkönig den Gärtnerinnen zu und verfluchte sie mit folgenden Worten: „Ihr wilden Saligen von nah und fern, verschwindet augenblicklich von meinem Schlern!“ Kaum hatte Laurin den Bann gesprochen, verwandelten sich die im Wind tanzenden Saligen in kleine Hexen mit grauen zotteligen Haaren.
Der junge Gefangene wunderte sich über die seltsame Verwandlung, doch als ihn König Laurin am Abend wieder freiließ, vergaß er die Begebenheit auch wieder. Ein anderer aber vermisste die liebreizenden Frauen. Das war der mächtige Schlernwind, der die Saligen auf den Schlernwiesen regelmäßig zum Tanzen bewegte. Statt der einst blonden Saligen fand er nur graue Hexen vor und ahnte, dass der Zwergenkönig seine Finger im Spiel haben musste. Rasch überlegte er, wie er die Mädchen retten konnte. Was lag näher, als seine ureigene Macht zu nutzen? Kräftig begann er zu blasen und zu schnaufen, bis die verzauberten Saligen zu schaudern und zu zittern anhoben, sich nicht mehr am Boden halten konnten und

sich von der Erde lösten. Langsam, immer weiter flogen sie in Richtung Virgl.
Über St. Zyprian und Tiers, weiter über Burg Kampenn, vorbei an Bad Isidor und Kohlern bis zur Kapelle von Virgl blies der gutmütige Riese die grauen Weiber. Erst in der Nähe des Brunnens hielt er mit Blasen inne und die Hexen fielen samt ihrem Besen in den Garten der Nandl.
Unbemerkt schliefen sie ein und erwachten erst wieder im darauffolgenden Frühjahr mit ihrem ursprünglichen gelb leuchtenden Kleid. Die Nandl aber entdeckte die leuchtenden Blumen in ihrem Garten und wunderte sich. Als sich im Herbst die Blüten grau färbten, hielt sie die Blumen für Unkraut und zupfte sie ungeachtet aus dem Garten. Seltsam war nur, dass jedes Mal, wenn sie eine davon in ihren Korb warf, ein leises Raunen und Jammern zu hören war. Doch weit und breit war keine menschliche Gestalt zu sehen.
Am Abend, nach getaner Arbeit leerte die Nandl den Korb im Brunnen und in derselben Nacht geschah das, was nicht mal der Zwergenkönig zu denken gewagt hatte: Als die Blumen die heilige Kraft des Wassers im hellen Schein des vollen Mondes berührten, verlor der schreckliche Bann des Zwergenkönigs seine einstige Wirkung. Augenblicklich verwandelten sich die zotteligen grau schimmernden Hexen in wunderschöne blonde Mädchen, wie sie nicht nur in der Gegend um Kohlern, sondern auch in Bozen bis heute gern gesehen werden.

SELTENE PFLANZEN

Rund um den Schlern, im Gebiet der Gemeinden Kastelruth, Völs und Tiers, befindet sich der Naturpark Schlern-Rosengarten. Das Gebiet ist bekannt für seine einzigartige Flora mit allerhand seltenen Pflanzen.
So taucht im Schlerngebiet die rosarote Alpen-Grasnelke auf, die im Volksmund auch „Schlernhexe" heißt. Die gelbe Alpen-Anemone hingegen wird „Hexenbesen" genannt. Wenn die inzwischen seltene Pflanze im Spätsommer verblüht, verwandelt sie sich von einer golden leuchtenden „Saligen" in eine „Hexe" mit silbrigem zotteligem Haar. Wenn dann auch noch der Wind bläst, fliegt sie mit ihrem Hexenbesen auf und davon.

Die Willeweis

In Lengstein gibt es eine Waldlichtung, die den Namen Hexenbödele trägt. Einst gab es dort einen Kreis von Lärchen, mit in der Mitte eine uralte alleinstehende Lärche. Vor diesem Baum hatten die Menschen immer einen besonderen Respekt, denn es hieß: In dieser Lärche wohnt die Willeweis.

Das Weiblein war alt, klein, grau und auch etwas buckelig, weshalb sie zuweilen auch eine Hexe gerufen wurde. Doch Hexe war sie keine, denn nie kam ein böses Wort über ihre Lippen. Was sie von sich gab, waren stattdessen Reime und Sprüche, die den Menschen helfen sollten, die Vergangenheit besser zu verstehen oder die Zeichen der Zukunft zu deuten. Sie wusste alles über die Ordnung der Welt und was sie nicht selbst wusste, las sie aus ihrem Zauberbuch. Was die Willeweis an Weisheiten von sich gab, war den Menschen meist unheimlich, denn was sie sagte, wurde früher oder später wahr. „Das steht schon in der Willeweis", sagten sie und meinten damit ihr uraltes Zauberbuch, das die Alte sicher in den Ästen ihres Lärchenbaumes versteckte.

Menschen von nah und fern kamen zum Hexenbödele, um der Willeweis Fragen zu stellen. Wenn ein Gast zu Besuch kam, setzte sich die Alte zu Füßen des Baumes, lauschte aufmerksam der Frage ihres Besuchers, holte dann ihr dickes Buch aus den Ästen und las daraus. Wenn jemand sie fragte, wie die Welt entstanden sei, sagte sie:

„Von Süden kam die Sonne,
von Osten die Erde,
von Westen der Mond,
auf dass der Kreis rund er werde.

Zum obersten Gericht
gingen die Götter und hielten Rat,
schritten bei der Namengebung
der Himmelskörper rasch zur Tat.
Sie wählten Namen für die Nacht
und auch für den Tag,
bestimmten den Lauf der Zeit
und auch ihren Pfad.“

Damit wusste der Besucher, die Welt war mit Sonne, Mond und Erde entstanden und dass die Götter ihnen Namen gegeben hatten, um über die Sternbilder die Zeit zu messen. Wenn jemand sie fragte, woher sie kam, las die Willeweis erneut in ihrem Buch:

„Weiß von Riesen,
einst geboren,
die vormals mich aufgezogen,
weiß von neun Heimen,
neun Weltenreiche,
von einem
Weltenbaum
mit tiefen
Wurzeln.“

Da wusste der Fragende, dass die Willeweis aus einer früheren Zeit und einem fernen Land stammt. Wenn jemand aber wissen wollte, woher sie ihre Weisheiten hatte, meinte sie nur:

„Unseren Weltenbaum lieb ich sehr,
Dort holen Frauen ihr Wissen her.
Drei weise Frauen wohnen an der
Quelle, die unter dem Baume liegt.
Das Gewordene heißt die eine,
das Werdende
die andere und
das Kommende
die dritte.“

Wieder erhielt der Besucher einen Reim zur Antwort, diesmal über geheimnisvolle Bäume, von denen die Willeweis ihr Wissen über Vergangenheit, Gegenwart und Zukunft bezog. Im Winter aber wohnte die Willeweis nicht in ihrem Baum, sondern bevorzugte fremde Häuser. Niemand wusste wann sie kam und wann sie ging. Wenn sie kam, stand sie plötzlich einfach im Eingang. Wer sie sah, wies ihr freundlich einen Platz am Herdfeuer zu, wo sie aus der Glut der Kohlen über die Zukunft zu sprechen pflegte. Da kam es schon vor, dass einem plötzlich ein kalter Schauer über den Rücken lief, als sie sprach:

„Wenn nicht mehr
das Ross den Wagen zieht,
sondern der Wagen das Ross,
wenn die Welt mit Drähten verhängt ist
und das Wasser aufwärts rinnt,
dann ist es nicht mehr weit zum
Weltuntergang."

Zum Dank für ihren Besuch gab die Hausherrin ihr für die weisen Worte stets einen Teller warme Suppe, woraufhin die Willeweis für gewöhnlich leise flüsterte: „Donk dir recht schian, i wer schun bold wiedr gian." Wann die Willeweis aber wirklich ging, das wusste keiner zu sagen. Manchmal blieb sie recht lange am selben Ort, dass sie den Leuten zuweilen schon lästig wurde.

Als die Willewies eines Tages ein Haus gar nicht mehr verlassen wollte, kamen am Morgen die Kinder in die Küche gelaufen, um mit den Eierschalen Kochen zu spielen. Sie streuten Asche über den Herd und legten die Eierschalen wie Häflein auf die Platte, gossen fleißig Wasser ein und kochten darin Kaffee, Milch, Tee und allerlei Suppen.

Als die Willeweis das sah, schlug sie die Hände über dem Kopf zusammen und sprach:

„Ich bin ein alter Narr,
gedenk' den Wald von Welschnofen
neunmal als Wies und neunmal
als Wald, den Schlern als Nusskern,
die Rotwand als Kinderhand,
das Tierser Alpl als Messerkling,
das Tschagerjoch als Knospenloch –
aber so viel Hafelen auf einem
Herd, hab ich mein Lebtag
noch nicht gesehen."

Mit diesen Worten machte sie sich auf und davon und ward in Lengstein nie wieder gesehen.

GEHEIMNISVOLLE BÄUME

Mitten im Herzen Südtirols auf den Sarntaler Alpen liegt der Ritten. Dort wachsen in niederen Lagen Eichen, Reben und Kastanienbäume, in mittleren Lagen Föhren, Fichten und Lärchen, in hohen Lagen Legföhren und Zirben. Waldwirtschaft war für das Gebiet stets von großer Bedeutung. Mitten im Wald, genauer gesagt am Hexenbödele in Lengstein, lebte einst eine Willeweis, bei den Germanen als Natur- und Hausgeist Wilwis, in anderen Kulturen als Seherin bekannt. Ihr Zauberbuch nannten die Germanen Völuspá, was übersetzt „die Weissagung" bedeutet. Mit dem geheimnisvollen Buch konnten kundige Menschen in die Vergangenheit und auch in die Zukunft sehen.

Das Pfeifer Huisele

Das Leben auf den Berghöfen im Wipptal und im nahe gelegenen Seitental Ratschings war hart. Von morgens bis abends hieß es nur Arbeiten, Arbeiten und nochmal Arbeiten. Die Wiesen waren mager, der Winter lang und die Ernte gering. In diesem Ratschingser Tal, im hintersten Teil in Flading, wo sich einige Bauern mit ihren Höfen am Hang niedergelassen hatten, wurde ein kleiner Junge geboren.

Das Huisile war aufgeweckt, stets gut gelaunt und wie sich herausstellte, immer für einen Spaß zu haben. Und weil der kleine Junge, noch bevor er überhaupt sprach, pfeifen konnte, hieß er bald nur mehr: das Pfeifer Huisile.

Der Junge war ein richtiger Lausbub. Wenn irgendwo im Dorf etwas angestellt wurde, hieß es gleich: „Das hat gewiß das Huisile gemacht!" Ob dies harmlose Vorfälle wie etwa eine verschüttete Milch, ein verschwundener Ballen Heu oder aber eine abgestürzte Kuh waren, stets gab man dem Huisile die Schuld.

Am Anfang ärgerte sich das Huisile noch darüber, aber als er sah, dass das nichts half, gewöhnte er sich daran. Insgeheim beschloss er, es den Leuten heim zu zahlen, sobald er mal groß und stark war. Und er sollte schon früher Gelegenheit dazu haben.

Eines schönen Tages traf er auf einem seiner Ausflüge nach Brixen den Lauterfresser. Im Wirtshaus zum „Wilden Mann" war der Hexenmeister ein gern gesehener Gast. Bekannt dafür, dass er nur Suppe und Brei aß und kaum mehr als zwei Zähne im Mund trug, erkannte ihn das Huisile sofort.

Ohne zu Zögern setzte sich der Junge dazu und klagte dem Lauterfresser sein Leid: „Ach, bin ich ein armer Heiter! Bin zu gut für einen Knecht und zu schlecht für einen Reiter! Bin zu gut für die Arbeit und zu gescheit zum Nichtstun. Ich will lustig leben und wenig dazutun."

Da wurde der Hexenmeister hellhörig und hinter vorgehaltener Hand flüsterte er ihm zu: „Mach's doch wie ich. Einen Pakt mit dem Teufel musst du schließen. Ein Leben lang stellt er sich in deinen Dienst. Er kann Berge versetzen und Wolken verdunkeln, er kann Täler überschwemmen und sogar Leute bannen." Und leise fügte er hinzu: „Und wenn du wissen willst, wie man gutes und schlechtes Wetter macht, dann komm zu mir, ich zeig es dir. Ob Regen, Wind, Hagel oder auch Schnee. Ich weiß wie's geht!"

Gesagt, getan! Vom Lauterfresser lernte das Huisile das Wettermachen mit Kehricht, Totennadeln, Tannensplitter oder auch Weiberhaar. Nun fehlte ihm nur noch die nötige finstere Macht zum Wettermachen.

Doch der Zufall wollte es, dass ihm auch diese bald zugetragen wurde. Das Huisile zog durch die Gassen von Sterzing, als die Glocke im Kirchturm gerade Mitternacht geschlagen hatte. Da hörte er hinter sich eine dumpfe Stimme: „Huisile! Huisile!“ Doch so sehr er seine Augen auch anstrengte, er konnte niemanden sehen.
Nur riechen konnte er ihn, den Schwarzen Engel, denn es stank fürchterlich nach Kohle und Schwefel. „Entweder sind das jetzt die faulen Eier der Wirtsleute oder der Teufel höchstpersönlich kommt mich heute besuchen!“, meinte er spöttisch. Und wirklich, da hörte er auch schon die dumpfe Stimme des Teufels hinter sich: „Ich bleibe bei dir, um dir zu dienen.“
„Das hör ich gerne“, meinte das Huisile belustigt: „Ein Diener kommt mir gerade recht.“ Da setzte der Teufel fort: „Wenn du mich rufst, komm ich sofort. Du kannst von mir verlangen, was du willst.“ -„Das trifft sich gut, doch was ist der Lohn für deine Mühe?“, zögerte der Junge. „Von heute an darfst du dich nicht mehr waschen, darfst kein Kreuzzeichen machen und auch nicht in die Kirche gehen. Und unseren Vertrag musst du mit deinem eigenen Blut unterschreiben“, sprach der Teufel weiter. „Ja, wenn's weiter nichts ist“, meinte daraufhin das Huisile. Also wurde noch in derselben Nacht der Pakt geschlossen und der Teufel zog höhnisch lachend von dannen. An seiner Stelle aber ließ er einen kleinen Esel zurück.
Wann immer das Huisile in die Ferne zog, setzte er sich auf seinen kleinen Esel. Auf schmalen Hufen führte er ihn über Berge und durch Täler, durch enge Gassen und in luftige Höhen. Seine lauten „I-A-Schreie“ waren immer dann zu hören, wenn Gefahr drohte. Und das war immer öfters der Fall. Denn der Teufel hatte dem Huisile Macht über die vier Elemente gegeben. Mit dem Feuer machte er gefährliche

Blitze, mit der Luft stürmische Winde, mit dem Wasser heftigen Regen, Hagel und Schnee und mit der Erde bewegte er riesengroße Steine und Erdmassen. Damit verbreitete das Huisile im Wipptal Angst und Schrecken.
In Pflersch legte er einen Siebkorb auf seinen Wagen, füllte ihn mit dem Wasser des Sees, spannte zwei schwarze Katzen davor und machte sich auf den Weg auf die Platscher Alm. Oben angekommen, rief er: „Wasserle rinn! Feuerle, brinn!“ Da begann es fürchterlich zu regnen, zu donnern und zu hageln. Der Blitz jagte in den Wald und in die Bäume, dass es rundum nur so krachte.
Ein anderes Mal trug er in Mareit mit Hilfe von zwei Böcken und einem Wagen aus Knochen einen ganzen Winter lang Schnee vom nördlichen Pflerschtal auf das Winklerjoch, um die Lawine in einer lauen Nacht mit lautem Getöse ins Tal zu jagen. In Ridnaun hingegen leitete das Huisile den Valtiglbach ab, nur um es einem Schafbauern heim zu zahlen. Mit seinem Esel und einem Wagen lud er gewaltige Steine neben einem riesengroßen Felsblock in der Nähe des Waldes ab. Dann lenkte er mit den Steinen kurzerhand den Valtiglbach über Berg und Hang hinab ins Tal. Er wollte gerade die großen Felsblöcke lösen, als im Dorf die Glocken der Magdalena-Kirche läuteten und das Huisile seine Macht verlor.
Das Umleiten des Baches war eines seiner letzten Kunststücke gewesen. Denn bald darauf wurde der Wettermacher gefangen genommen und in Meran auf dem Scheiterhaufen verbrannt. So manche Spuren aber hat das Huisile bis heute hinterlassen. Der Graben beim inneren Steinhof im Pfitschtal wurde nach dem Wettermacher benannt, genauso wie der Graben im hinteren Pflerscher Tal. Den Häusler Graben von Tulfer im Außerpfitsch aber soll das Huisele aus Wut über ein misslungenes Gewitter gegraben haben.

HEFTIGE UNWETTER

Pfeifer Huisile hat, wie die Pachlerzottl und der Lauterfresser auch, wirklich gelebt. Er hieß mit richtigem Namen Mathäus Hägele und wurde 1620 in Flading im Ratschingstal geboren. Schon als Kind liebte er das Nichtstun mehr als die Arbeit, weshalb er schon bald beim Hexenmeister Lauterfresser in die Zauberlehre ging. In Sterzing heißt es, soll er einen Pakt mit dem Teufel geschlossen haben. Und auch in Pfitsch und Pflersch sind seine Spuren an breiten Gräben bis heute zu sehen.
In Ratschings erzählt ein Themenweg vom Pfeifer Huisile. Der Weg startet in Innerratschings und führt über Flading vorbei an seinem Geburtshaus hinauf zur Klammalm und zum Butsee.

Der Zauberer von Castelfeder

Oberhalb von Auer liegt ein geheimnisvoller Hügel mit zahlreichen Eichen und Sträuchern. Den höchsten Punkt des Hügels bildet der Rabenkofel, auf dem bis heute sagenumwobene Ruinen stehen. Sie zeugen von der mächtigen Burg des Zauberers von Castelfeder, der dort mit seinem dunklen Federvieh sein Unwesen trieb.

Die Burg des Zauberers war einst riesengroß und erstreckte sich über den ganzen oberen Teil des Hügels. Sie war umgeben von einer mächtigen Ringmauer mit befestigten Wehrgängen für die Wächter und schmalen Fensterbögen für die Raben des Zauberers. Vor den Ringmauern lag ein breiter Graben mit Wasser, in dem sich Kröten und Schlangen tummelten. Einen Eingang besaß die Burg allerdings nicht, denn der mächtige Zauberer bevorzugte es, den Eingang für ungebetene Besucher unsichtbar zu halten.

Seine Raben bewachten die Burg bei Tag und auch bei Nacht. Wer sich in seine Nähe wagte, hörte anfangs nur das leise Krähen der Raben, schon bald aber das dröhnende Lachen des Zauberers. Wer konnte, verschwand daraufhin so schnell ihn seine Beine trugen.

Im Dorf erzählten sich die Menschen nämlich, dass der Zauberer ungebetene Gäste in den finsteren Turm seiner Burg sperrte. Deshalb machten alle einen weiten Bogen um den Hügel.

Eines Tages aber verirrte sich ein junges Mädchen auf ihrem Weg und kam unmittelbar vor dem Schloss zu stehen. Die Raben krächzten, der Zauberer lachte und das Mädchen verschwand.

Das Mädchen gefiel dem Zauberer, weshalb er sie zunächst vor dem finsteren Turm bewahrte. Doch die Jungfrau wollte vom Zauberer nichts wissen und lehnte seine Geschenke höflich ab. Als alles Werben nichts half, wurde der Zauberer schließlich wütend und sperrte das Mädchen in den hohen Turm. Dort sollte es elendiglich verhungern.

Im Dorf verbreitete sich rasch die Kunde vom verschwundenen Mädchen. Die Nachricht erreichte auch den edlen Rittersmann, der auf einer Burg in der Nähe von Castelfeder lebte. Der tapfere Ritter zögerte nicht lange, schwang sich auf sein Pferd und verabschiedete sich von seiner Braut, die ihm zum Schutz ein Amulett um seinen Hals legte.
Mutig näherte sich der Ritter dem Rabenkofel, als sich mitten auf dem Hügel plötzlich ein Tor erhob. Vorsichtig stieg er vom Pferd, nahm das Schwert in die rechte Hand und die Lanze in die linken und schritt bewaffnet durchs Tor. Das Pferd aber ließ er vor dem Eingang zurück. In dem Augenblick aber, als er den Burghof betrat, schoss hinter dem finsteren Turm ein unheimliches Tier hervor, der hintere Teil ein Pferd, der vordere ein Greif. Darauf saß in einem goldenen Sattel der mächtige Zauberer in voller Rüstung. Nun begann ein Kampf, wie er unheimlicher nicht sein

konnte. Mit einem kräftigen Schwung schleuderte der Ritter dem Zauberer die Lanze entgegen, doch sie prallte an seiner gepanzerten Brust ab.
Also nahm der Ritter sein Schwert und mit all seiner Kraft setzte er zum Schlag an, als der Boden sich unter seinen Füßen bewegte und tosende Wasser sich öffneten. Erschrocken griff der Ritter zum Amulett seiner Braut und wie durch ein Wunder schloss sich die Erde wieder.
Erneut setzte der Ritter zum Angriff an, diesmal erhoben sich vor ihm lodernde Flammen, die ihn zu ersticken drohten. Wieder nahm der Ritter das Amulett in die Hand und er blieb samt Rüstung vor dem Feuer verschont.
Wutentbrannt rief der Zauberer seine Raben herbei, die dem Ritter den Verstand rauben sollten. Kaum hatten die Vögel ihn umzingelt, erschienen ihm sonderbare Bilder. Er sah seine Braut mit einer Wunde vor ihm stehen, in seiner Hand das von Blut triefende Schwert. Und er hörte ihr Klagen und ihr Weinen, das lauter und immer lauter wurde.
Da ließ der Ritter erschrocken das Schwert fallen, aus Angst, er könnte seine Braut verletzen. Der Zauberer aber nahm den verwirrten Ritter gefangen und warf ihn in seinen Turm.
Nun schien alle Hoffnung verloren, wenn nicht, ja wenn der Ritter nicht sein treues Pferd vor den Toren des Schlosses zurückgelassen hätte.
Das Tier galoppierte nämlich auf demselben Weg zurück, von dem es gekommen war und kam direkt in die Burg des Ritters. Mit bleicher Miene öffnete die Braut das Tor und fand das Reittier ohne seinen Herrn wieder. Sie ahnte Schreckliches und ohne zu Zögern stieg sie auf das Ross und ritt schnurstracks zum Kofel.
Wie beim Ritter auch, stand unmittelbar ein Schlosstor vor ihr. Der Ruf des Raben und das schauerliche Lachen des Zauberers erwarteten sie bereits, vor ihr auf dem Boden das Schwert ihres Bräutigams. Unbemerkt nahm

sie die Waffe an sich und versteckte sie sorgsam unter ihrem Kleid, als auch schon der mächtige Zauberer zu ihr trat.
Angetan von der Schönheit der jungen Frau, ließ sich der Zauberer von ihren Worten verführen: „Gebt mir einen Tag Zeit, um euer Schloss in allen Winkeln zu erkunden. Dann will ich euer sein!“ sprach sie und machte sich auf den Weg, ihren Bräutigam zu finden. Nach langem Suchen und verzweifelten Rufen kam die Braut schließlich zum finsteren Turm.
Hinter einer eisernen Tür versteckt, entdeckte die Braut schließlich ihren Bräutigam und das verschwundene Mädchen.
Erleichtert fielen sich die Liebenden in die Arme. Doch im selben Augenblick fiel laut klirrend das Schwert zu Boden, das die Braut bis dahin unter ihrem Kleid versteckt gehalten hatte. Angelockt von dem Lärm eilte sogleich der Zauberer herbei und stürzte sich auf den Ritter. Dieser aber nahm geschwind das Schwert an sich und stieß es dem bösen Zauberer in die Brust.
Da hob im Schloss ein Heulen und ein Kreischen an. Es schien, als würden mit einem Schlag alle Tiere des umliegenden Waldes mit einem Male erwachen: Man hörte Schlangen zischen, Frösche und Kröten quaken, sah Echsen und Salamander um die Ecke laufen, Heuschrecken springen und Grillen zirpen. Nur die Raben waren nicht mehr zu hören. Leise flogen sie über das Schlosstor hinweg, bis in der Ferne nur mehr das Rauschen ihrer Flügel zu hören war.
Kaum aber war der Zauberer zu Boden gesunken und die Raben verschwunden, hob der Rabenkofel an zu beben. Braut und Bräutigam konnten sich samt dem Mädchen noch rechtzeitig in Sicherheit bringen, bevor mit lautem Getöse die mächtigen Mauern ineinander krachten. Statt des prächtigen Schlosses lag neben einigen Ruinen nur mehr ein Trümmerhaufen dar, deren Mauern bis heute zu sehen sind.

UNHEIMLICHE TIERE

Castelfeder ist ein Porphyrhügel zwischen den Orten Montan, Auer und Neumarkt. Der Hügel liegt sehr günstig auf dem Weg von Bozen nach Trient oder vom Nonstal über den Mendelpass ins Fleimstal und war deshalb schon in frühester Zeit besiedelt. Niedergelassen haben sich auf Castelfeder Römer und Germanen. Auf dem Rabenkofel, wie ein Teil des Hügels genannt wurde, haben sie eine Burg mit einer Ringmauer, eine Kapelle und einen Turm gebaut, deren Ruinen bis heute zu sehen sind. Sehenswert sind aber nicht nur die rätselhaften Ruinen, sondern auch uralte Eichen, geschützte Mulden, verzauberte Tümpel und gefährliche Moore.
Dort hausen seit frühesten Zeiten allerlei unheimliche Tiere: Blindschleichen und Schlangen, Frösche und Kröten, Echsen und Salamander, Käfer und Heuschrecken, Fledermäuse und auch Vögel. Ihnen begegnet man auf dem Naturerlebnisweg Castelfeder.

Die Spinnfrau Berchta

Jeden Abend saßen in Villanders zwölf Jungfrauen in einem Kreis zusammen und verrichteten in der Spinnstube ihre Arbeit. Ohne Unterlass drehten sich die Rädchen und surrten die Fädchen und die Zeit verging im Nu. Fleißig webten die Mädchen ihre Wünsche für eine glückliche Zukunft der Menschen in die gesponnenen Fäden ein, während eine nach der anderen eine Geschichte zum Besten gab. So auch am Tag vor Dreikönig, dem traditionellen Berchtentag, an denen für gewöhnlich Berchta höchstpersönlich ihre Runden drehte, um zu sehen, ob ihre Jungfrauen auch fleißig waren. Vor Einbruch der Dunkelheit musste der Backofen kalt, die Spinnstube dunkel und die Arbeit vollendet sein. Doch so fleißig, wie es auf den ersten Blick schien, waren die Mädchen diesmal nicht. In Vorfreude auf das neue Jahr kicherten und lachten sie und vergaßen dabei völlig auf ihre Arbeit. Auf den Spinnrädern hingen die halbfertigen Bänder, auf dem Boden lagen lose die Fasern. Vor lauter heimlichen Gekicher vergaßen sie diesmal sogar auf die Berchta. Doch wehe dem, der die Alte vergisst! Die Glocken der Vesper waren soeben erklungen und der Abend angebrochen, als sich eines der Mädchen zum Fenster wandte, an dem eine dicke Kerze stand. In der Absicht, den Mädchen etwas Licht zu bringen, näherte sie sich dem Fenster. Doch kaum stand sie davor und blickte nach draußen, sah sie direkt in die funkelnden Augen der wilden Alten. Sie erschrak und stieß einen kaum hörbaren Schrei

aus, während die Alte wieder verschwand, so unmittelbar, wie sie aufgetaucht war.
Augenblicklich wurde es still in der Stube, keines der Mädchen wagte ein Wort zu sprechen: Kein Rad surrte mehr und man hörte das Geräusch einer Nadel, die zu Boden fiel. Kaum eine Minute später öffnete sich auch schon die Tür und Frau Berchta in voller Größe stand im Eingang. Die ungebetene dreizehnte Jungfrau hatte einen vom Spinnen zu groß geratenen Fuß wie eine Gans, eine vom Benetzen des Fadens breite Unterlippe wie ein Frosch und einen vom Drehen und Schlagen des Fadens breiten Daumen. Die Gestalt war unheimlich und ihr Blick finster und böse.
Die älteren Mädchen kannten die wilde Berchta und wussten sofort, das verhieß nichts Gutes. Und so war dem auch. Zwölf leere Spulen und ein riesiger Sack voll Flachs fielen in die Stube und mit einem höhnischen Lachen rief sie den Mädchen zu: „Spinnt nur, ihr Mädchen, spinnt nur. Zur Strafe für eure unfertigen Garnknäuel werdet ihr fleißig die Spule weiter drehen, bis dass ich in einer Stunde wiederkehre. Doch wehe euch, die Arbeit ist nicht getan, dann werd' ich euch nicht weiter mahn...“ Und während sie ihren Rückweg antrat, hörte man sie noch leise singen:

„Jungfrauen, übt euch in Tugend
Und seit stets darauf bedacht,
dass ihr schönes Leinen macht.
Spinnt euch einen guten Faden
und versäumet keine Zeit,
denn es bringt euch Schand
und Schaden,
wenn ihr faul und schläfrig seid.

Die Mädchen zitterten. Sie wussten, dass mit der alten Berchta nicht zu spaßen war. Wie sollten sie in einer Stunde all die Spulen füllen? Unsicher blickten sie einander an. Doch plötzlich hatte eine der Jungfrauen eine Idee. Rasch lief sie in das

Dachgeschoss und
holte einen Arm
voll billigen Hanf.
Ohne zu Zögern
wickelte sie ihn um die
Spule, holte etwas von
dem wertvollen Flachs,
setzte sich damit wieder
an ihren Spinnstuhl und
sponn eilig den Faden
drum herum, während
ihre Gedanken vom
Rädchen zum Fädchen
und wieder hin zur
wilden Berchta wanderten.
Die anderen, nicht feige,
machten es ihr nach und so
hörte man bald wieder nur
mehr das Surren der Räder.
So verging die Stunde im
emsigen Tun. Die erste der
Jungfrauen dachte an die
kalten Tage des Jänners,
die zweite an die
warmen Sonnen-
strahlen im Februar,

die dritte an den Frühlingsbeginn im März, die vierte an die Hexennacht im April, die fünfte an die Königin im Mai, die sechste an die lodernden Feuer im Juni, die siebte an die fruchtbare Heuernte im Juli, die achte an die goldenen Getreidegarben im August, die neunte an die reiche Ernte im September, die zehnte an den neuen Wein im Oktober, die elfte an die armen Seelen der Verstorbenen im November und die zwölfte an die Raunächte im Dezember.
Dann schlug die Glocke Mitternacht, die Stunde der Berchta hatte geschlagen. Und wirklich, schon hörte man ihr Stapfen im Schnee und einen Augenblick später stand sie bereits in der offenen Tür.
Langsam trat sie ein, schritt gleich zum ersten Spinnrad und nahm die Spule herab. Vorsichtig begutachtete sie das vollendete Werk. Sie verzog keine Miene und ging weiter zum zweiten Rad. Eine Spule nach der anderen nahm sie den fleißigen Spinnerinnen ab. Erst mit der letzten Spule in der Hand lächelte sie und verließ, ohne ein weiteres Wort zu verlieren, die Spinnstube.
Glaubt ihr, sie hat den kleinen Betrug erkannt? Sicher ist, dass die Jungfrauen von jenem Tag an emsiger ihre Arbeit verrichteten und sie auch pünktlich vor dem Berchtentag vollendeten.

SCHICKSALSHAFTE RAUNÄCHTE

In der Weihnachtszeit geht im Eisacktal die Berchta um. In Tirol und Kärnten ist sie auch als Perchta oder Perchtl bekannt, im Trentino als Berta, im Pustertal als Stampe oder auch als Gstampe. Wie einst Frau Holle holt sie in den Raunächten die Seelen der ungetauft verstorbenen Kinder.
Andernorts aber beaufsichtigt sie in den Mutternächten ihre Spinnerinnen. Fleißige Mädchen belohnt sie, faule Mädchen bestraft sie. Zwölf Nächte lang saßen ihre zwölf Jungfrauen in ihren Spinnstuben, um das Schicksal der Menschen für das darauffolgende Jahr zu spinnen. Nach alter Tradition beginnen die zwölf Raunächte am Heiligen Abend und enden an Dreikönig.

Die Schnabelmenschen

Lange bevor die Welt entstanden ist, gab es irgendwo in den Bergen einen See. Mitten im See aber lag eine Insel, auf die ein Vogel zwei Eier legte, ein goldenes und ein silbernes. Hell leuchteten die Eier in der Dunkelheit und als sie nach einigen Wochen zerbrachen, schlüpfte aus dem goldenen Ei ein Schwan und es wurde Tag und aus dem silbernen Ei eine Gans und es wurde Nacht.
Die Menschen verehrten die Gans, denn sie versorgte Alt und Jung mit allem, was sie zum Leben brauchten. Ihr Schmalz heilte Krankheiten, ihre Federn wärmten in kalten Tagen, ihre Eier wurden an Festtagen verzehrt und ihr Fleisch am Ende des Bauernjahres gebraten und gegessen. Und der Schwan wurde für seine Schönheit und Eleganz bewundert.

Auf dem Gsieser Törl, am Übergang vom Gsieser Tal ins Defreggental, gab es auch so einen geheimnisvollen See. Jedes Jahr im Frühjahr ließen sich auf der kleinen Insel des Sees Wildgänse nieder, um dort zu brüten. Von weit aus dem Süden kamen sie angeflogen, um in den Gsieser Bergen den Sommer zu verbringen und im Herbst das Land wieder zu verlassen. So ging das Jahr für Jahr.
Doch es kam ein unglücklicher Sommer und ein Hirtenknabe verirrte sich in den Bergen. Er versteckte sich zwischen den gewaltigen, übereinander geschichteten Granitblöcken und blieb von einem Tag auf den anderen verschwunden. Weit und breit gab es keine Spur mehr vom Knaben. Nur sein herrenloses Vieh wurde am Ufer des Sees entdeckt.

Von jenem Tag an hieß es, die wilden Gänse hätten den Hirten gefressen. Jemand wollte gesehen haben, wie sie mit ihrem überaus großen Schnabel den armen Knaben verschlungen hatten. „Ach, hätten sie sich doch statt des Hirten einen Ochsen genommen," jammerten die Menschen. Doch alles Klagen half nichts, der Knabe blieb verschwunden.

Von da an hatten die Dorfleute Angst vor dem See am Gsieser Törl. Plötzlich hieß es: „Im Tümpel hausen gefährliche Schnabelmenschen. Wer ihnen zu nahe kommt, ist des sicheren Todes". Wer sie fürchtete, brachte ihnen deshalb ein Opfer dar, warf ihnen einmal im Jahr einen Ochsen ins Wasser oder auch ein gebratenes Schwein.

So machte sich auch der Mooswaldbauer jedes Jahr mit einem Ochsen auf den Schultern auf, um für den Schutz und das Wohl seiner Leute zu sorgen. In Begleitung von Knechten und Hirten stieg der Bauer höher und immer

höher auf den Berg. Unterwegs sangen die Männer, um sich die Angst zu vertreiben und gelangten schließlich zum See.
Nach altem Brauch töteten sie den Ochsen und brieten sein Fleisch über dem offenen Feuer. Während sie zitternd aßen, warfen sie immer wieder ein Stück Fleisch ins Wasser, um die Schnabelmenschen Teil haben zu lassen am festlichen Mahl. Am Ende der Mahlzeit aber sammelten die Männer die abgenagten Knochen und warfen sie auf einem Haufen zusammen. Die Haut, die sie dem Ochsen zuvor abgezogen hatten, legten sie vorsichtig darüber.
Ob ihr's glaubt oder nicht, nachdem der Mooswaldbauer einen Spruch ins Wasser gerufen hatte, begann der knöcherne Haufen sich wieder zu regen und zu bewegen und einen Augenblick später stand der Ochse lebendig wie am Morgen zuvor vor ihnen. Glücklich darüber, dass die Schnabelmenschen ihr Opfer angenommen hatten, dankten sie ihnen und versprachen, im nächsten Jahr wieder zu kommen.
Das machte er auch, doch einmal geschah es, dass der Bauer unglücklicherweise die Schnabelmenschen vergaß und die Tiere wurden wütend. Als sich die Männer schließlich im darauffolgenden Jahres wieder auf den Weg zur Alm machte, hörten sie vom Joch her nur ein lautes Grollen. Mit Schrecken erinnerten sie sich an die wilden Tiere, die bereits zeternd und tobend am Tümpel ein wildes Unwetter mit gewaltigen Blitzen und Donnern machten.
Kaum einen Augenblick später goss es bereits wie aus Kübeln und Blitze schossen neben den Männern in den Boden. Also blieb ihnen nichts anderes übrig, als in einer nahe gelegenen Höhle Unterschlupf zu suchen.
Von ihrem Versteck aus starrten sie erschrocken auf den See, in dem sich ein gewaltiger Schnabelmensch in die Höhe erhob. Sein langer Hals ragte weit in den Himmel hinauf und laut

zischend sprühte er wütend Blitze, die sich gleichzeitig an neun verschiedenen Orten entluden. Der Mooswaldbauer aber, der noch nie zuvor einen Schnabelmenschen zu Gesicht bekommen hatte, rief seinen Männern zu: „Ich bin neunmal alt und neunmal jung, aber so ein wildes Tier mit scheinbar neun Köpfen habe ich noch nie gesehen."

Die ganze Nacht harrten die Männer aus und wagten sich nicht aus ihrer Höhle. Erst am nächsten Morgen entfernten sie sich, mit dem festen Vorsatz, die Schnabelmenschen wieder reichlich zu beschenken.

Gesagt, getan! Bereits am nächsten Morgen zog von St. Magdalena aus eine Prozession mit Ochsen, Schafen und Ziegen auf das nahe gelegene Joch, um die Naturgewalten zu besänftigen. Die Opfergaben taten ihre Wirkung und so kam es, dass die Schnabelmenschen den Dorfbewohnern bald wieder wohl gesonnen waren wie eh und je.

Sie schützen ihre Felder vor Trockenheit und sorgten für reiche Ähren. Und wenn es einen Sommer lang gar nicht regnen wollte und die Ernte zu vertrocknen drohte, bat der Mooswaldbauer die Schnabelmenschen mit einem zusätzlichen Opfer inständig um etwas Regen. Dann konnte es passieren, dass es noch am selben Abend regnete und schüttete, als würden tausend dicke Wolken sich mit einem Mal entleeren.

MÄCHTIGE NATURGEWALTEN

Das Gsieser Tal ist ein abgelegenes Seitental des Pustertales, das vor allem für seine wunderbaren Almen bekannt ist. Am Ende des Tales lagen einst weitreichende Moorgebiete, wo heute Mooswald, der Rotmooshof und der Mooshof liegen. Von Mooswald aus führt ein uralter Weg über das Gsieser Törl ins Osttiroler Defreggental. Dieser Übergang war nicht nur ein viel begangener Schmugglerweg, dort sollen in früheren Zeiten auch mächtige Schnabelmenschen gehaust haben. Schnabeltiere sind wie der Phönix, der Greif oder auch der Benu sagenhafte Gestalten, denen die Menschen Opfergaben darbrachten und sie dafür unter ihrem Schutz standen.

Lisl mit dem Hackl

Diese eine Nacht, von der ich euch erzählen möchte, war kalt. Unwirtlich war sie, windig war sie und unheimlich war sie auch. Der Wind von Sarnthein heulte in den Innenhof des Dorfes, streifte durch die Gassen und pfiff lautstark durch die Ritzen. Es stürmte der Wind, es peitschte der Regen an die Tür, es bogen sich die Bäume im Hof. Die Bauersleute hatten gerade ihren Festschmaus beendet, als sie plötzlich, mitten in das Geheul des Windes, eine unheimliche Musik hörten: eiserne Ketten, die rasselten, unheimliche Glocken, die schlugen, dunkle Gestalten, die klapperten, ja sogar Gänse, die schnatterten.

Sogleich war klar: die wilde Jagd geht um, angeführt von der unheimlichen Lisl. Ein gruseliges Heer an Männern, Frauen und Kindern, die vorzeitig einen gewaltsamen oder unglücklichen Tod erlitten hatten. Mit ihnen zog die unheimliche Todesgestalt in Winternächten durch die Straßen und Gassen, in der ersten und letzten der Raunächte. Gesehen hat sie kaum einer. Und jene, die sie selbst zu Gesicht bekommen hatten, waren hinterher entweder verkrüppelt oder blind.

Ein Klöckler wollte sich mit eigenen Augen ein Bild vom unheimlichen Geschehen machen. Mutig wie er war, wagte er sich in der eiskalten vierten Klöcklernacht hinaus in die Gasse, just in dem Augenblick, als die Winde furchterregend zu blasen anfingen und die wilde Fahrt vom Berg ins Tal zog, schneller als der Wind selbst. Genau in dem Augenblick, als die wilde Jagd das Dorf erreichte, stand der Klöckler glücklicherweise auf der rechten Seite des Weges. Denn wer links der Lisl zu stehen kam, war mit Sicherheit verloren.

Nun sah er mit eigenen Augen das wilde Heer. Voran ein stumpfer Besen, der wild fegend um die Häuserecke bog. Gefolgt von leeren Schuhen, die ohne ihren Besitzer einen Schritt vor den anderen setzten. Ihnen folgten jammernd und klagend große und kleinere Lichtfunken, die unruhigen Seelen der armen Verstorbenen. Gespenstisch war der seltsame Zug anzusehen und beinahe schien es, als ob unsichtbare Mächte das Alte aus den Gassen kehrten.

Gerade in dem Augenblick, als der Klöckler kehrt machen wollte, wackelte am Ende der Prozession eine seltsame weiße Gans mit krummen Gang und verkrüppelten Beinen um die Ecke. Der Klöckler, im Dorf für seine Boshaftigkeit und zuweilen mangelndem Takt bekannt, sah den seltsamen Gang der watschelnden Gans und musste unweigerlich lachen. Doch wehe ihm! Kaum hatte die Gans seine Höhe erreicht, hüpfte sie einige Schritte

seitwärts, bis sie unmittelbar an einer Zaunspalte zu stehen kam und pickte ohne zu Zögern in die Spalte hinein. Im selben Augenblick fuhr dem Mann ein Schmerz ins Bein, wie von einer scharfen Axt getroffen. Da halfen kein Flehen und auch kein Betteln!

Eine Woche lang hielt der Schmerz im Bein des Mannes an. Kein Arzt und auch kein Heiler wussten Rat. Nur der Pfarrer ahnte, dass die wilde Lisl selbst hier ihre knörrigen Finger im Spiel haben musste. Alsdann riet er dem Mann, sich artig zu gedulden und in der Dreikönigsnacht sich in derselben Gasse wieder einzufinden.

Der Schmerz hielt an, die Raunächte vergingen. Die verheißungsvolle letzte Nacht brach an und gleich wie zwei Wochen zuvor, zog mit unheimlichen Getöse und Geheul die wilde Jagd durchs Dorf. Doch diesmal wagte es der Klöckler nicht, sich auf die Straße zu stellen. Wer weiß, was ihm sonst an Widrigkeiten noch alles zustoßen mochte! Er zog es vor, vom Fenster aus das Kommen der seltsamen Gesellschaft zu verfolgen.

Und siehe da, es zog der Besen ein, gefolgt von leeren Schuhen und den unheimlich flackernden Lichtern und dahinter die alte Lisl höchstpersönlich. „Hier hab ich doch letztes Jahr ein Hackl geschlagen, ich will es wieder ausziehen“ und pickte mit ihrem Schnabel an dieselbe Stelle des Zaunes.

Wie durch ein Wunder war der Schmerz des Mannes verschwunden und erleichtert rieb er sich die geheilte Stelle. Doch er hatte sich zu früh gefreut, denn während die Alte bereits weiterzog, rief sie ihm zu seinem Schrecken zum Abschied hinterher: „Geheilt bist du vom seltsamen Fluch. Doch dafür sollst du mir fortan dienen, bis ans Ende deiner Tage!“ Und heftig mit dem Schnabel schnatternd, zog die Alte von dannen. Der Mann aber hatte von jenem Tag an nicht nur seinen Schmerz, sondern auch seine Boshaftigkeit verloren.

WILDE NATURGESTALTEN

Das Sarntal ist ein 45 km langes Tal mitten in den gleichnamigen Sarntaler Alpen. Im Süden des Tales liegt Bozen, im Norden das Penser Joch, im Westen der Tschöggelberg und im Osten der Ritten.
In diesem abgelegenen Tal haben sich uralte Bräuche erhalten, wie etwa das Klöckeln. An drei Donnerstagen im Advent klopfen vermummte Gestalten an die Türen der Bauersleute und bitten um Gaben. In vorchristlicher Zeit klopften wohl Naturgeister an die Türen. Wer sie willkommen hieß, dessen Ernte war im darauffolgenden Jahr sicher. In den drei heiligen Nächten gehen bis heute die Klöckler von Haus zu Haus. Der vierte Donnerstag aber gehört der Lisl, der gefährlichen Lisl mit dem Hackl.

„Marie…! Alex….! Wo seid ihr?"
Marie und Alex schreckten auf. Sie hatten vor lauter Geschichten die Zeit vergessen. Ihre Eltern hatten sich inzwischen Sorgen gemacht. „Hier sind wir!" rief Marie und schloss das Buch. „Wir kommen gleich", antwortete Alex und legte das Buch geschwind wieder unter die Steine. Noch während er etwas Moos über das Buch legte, meinte er: „Ob der Stilfser Zwerg, die Salige, Moltina, König Laurin und alle anderen über Nacht wieder in das Buch zurückkehren?" - „Sicher machen sie das," lachte Marie „und viele Kinder werden ihnen noch begegnen. Wer weiß, wer das geheimnisvolle Buch als nächstes findet." Mit diesen Worten verließen Marie und Alex lachend die Ruine der verlassenen Burg, begleitet nur von einer kleinen Hexe.

Literaturhinweise:

Johann Nepomuk Ritter von Alpenburg: Mythen und Sagen Tirols. Zürich 1857
Maria Paola Asson: Fiabe d'inverno. Cierre Edizioni, Sommacampagna, Verona, 2011
Rudolf Baur: Die Kartause Allerengelberg im Schnalstal. Bozen, 1970.
Hans Fink: Verzaubertes Land. Tyrolia, Innsbruck-Wien-München, 1969
Hans Fink: Eisacktaler Sagen. Bräuche und Ausdrücke. Universitätsverlag Wagner, Innsbruck, 1957
Margareta Fuchs/Veronika Krapf: Von wilden & weisen Frauen. Löwenzahn, Innsbruck, 2009
Maria Gerstgrasser: Sage, Brauchtum und Geschichten in und um Naturns. Naturns, 2003
Kathrin Gschleier: Die Salige der Lüsner Alm. Verlag Narrativ, Brixen, 2011
Kathrin Gschleier: Die bleichen Berge von Südtirol. Verlag Narrativ, Brixen, 2012
Harald Haarmann: Das Rätsel der Donauzivilisation. Verlag C.H. Beck, München, 2011
Johann Adolf Heyl: Volkssagen, Bräuche und Meinungen aus Tirol. Athesia, Bozen, 1989
Hermann Holzmann: Pfeifer Huisele. Der Tiroler Faust. Universitätsverlag Wagner, Innsbruck, 1954
Heide Göttner-Abendroth: Berggöttinnen der Alpen. Edition Raetia, Bozen, 2016
Heide Göttner-Abendroth: Frau Holle- das Feenvolk der Dolomiten. Ulrike Helmer Verlag, Königstein/Taunus, 2005
Ulrike Kindl: Märchen aus den Dolomiten. Eugen Dietrichs Verlag, München, 1992
Erni Kutter: Heilige Weibsbilder. Raetia, Bozen, 2014
Reimo Lunz: Archäologische Streifzüge durch Südtirol. Bd. 1. Athesia, Bozen, 2005
Reimo Lunz: Archäologische Streifzüge durch Südtirol. Bd. 2. Athesia, Bozen, 2006
Bruno Mahlknecht: Südtiroler Sagen. Athesia, Bozen, 1997
Hans Matscher: Der Burggräfler in Glaube und Sage. Bozen, 1933
Alois Menghin: Aus dem deutschen Südtirol. Mythen, Sagen Legenden und Schwänke, Sitten und Gebräuche, Meinungen, Sprüche, Redensarten des Volkes an der deutschen Sprachgrenze. Plant, Meran, 1884
Lucillo Merci: Volkssagen aus Südtirol. Arti Grafiche Manfrini, Calliano, 1981
Wolfgang Morscher, Berit Mrugalska: Die schönsten Sagen aus Südtirol. Haymon, Innsbruck-Wien, 2010
Leander Petzoldt: Sagen, Märchen und Schwänke aus Südtirol. Bd. 1, Tyrolia, Innsbruck, 2000
Leander Petzoldt: Sagen, Märchen und Schwänke aus Südtirol. Bd. 2, Tyrolia, Innsbruck, 2002
Leander Petzoldt: Kleines Lexikon der Dämonen und Elementargeister. Verlag C.H. Beck, München, 2003
Leander Petzoldt: Märchen aus Südtirol. Athesia, Bozen, 1991
Franz S. Weber: Laurins Rosengarten. Sagen aus den Dolomiten. Deutsche Buchhandlung, Bozen. 1914
Robert Winkler: Sagen aus dem Vinschgau. Athesia, Bozen, 2000
Karl Felix Wolff: Dolomitensagen. Spectrum, Athesia, Bozen, 2009
Karl Felix Wolff: Die Dolomitenstraße. Verlag der Franz Moser'schen Buchhandlung, Bozen, 1908
Ignaz Vinzenz Zingerle: Sagen aus Tirol. Universitätsverlag Wagner, Innsbruck, 1891
Ignaz Vinzenz Zingerle: Sagen, Märchen und Gebräuche aus Tirol. Universitätsverlag Wagner, Innsbruck 1859
Ignaz Zingerle: Zwei Hexenprozesse. Bohmeier Verlag, Leibzig, 2005

Wichtigste Ortsangaben:

Die Autorin

Die Autorin Kathrin Gschleier befasst sich seit ihrer Tätigkeit als Dramaturgin der Vereinigten Bühnen Bozen mit Geschichten. 2011 schrieb sie ihr erstes Sagenwanderbüchlein „Die Salige", es folgten sechs weitere Sagenwanderführer in der Reihe „Sagenhaftes Südtirol". Daneben konzipiert die Storytellerin systemische Marketingkonzepte wie „Brixner Weihnachtsstimmung" und „Rittner Hexensommer". www.gschleier.eu

Die Illustratorin

Evi Gasser, Jahrgang 1972, verheiratet, glückliche Mutter von Rosa und Emma. Sie lebt und arbeitet als freischaffende Illustratorin und Grafikerin in Kastelruth. Sie arbeitet erfolgreich mit Verlagen im In- und Ausland zusammen, illustriert Bücher für Kinder, zeichnet Maskottchen, Malbüchlein, Glückwunschkarten und vieles, vieles mehr. Hexen, Feen, Seejungfrauen und andere sagenhafte Gestalten zu zeichnen lag ihr schon immer am Herzen. www.evigasser.com

Mein Südtirol Erleben

In der Reihe „Mein Südtirol erleben" sind von Kathrin Gschleier und Evi Gasser im Verlag A. Weger bereits erschienen:

- Mein Südtirol Buch
- Il mio Alto Adige
- Mein Südtirol Malbuch
- Coloro il mio Alto Adige
- Il mio Alto Adige Puzzle
- Mein kleines Südtirol Malbuch
- Il mio piccolo Alto Adige
- Meine Südtiroler Sagenwelt
- Le mie Leggende Altoatesine